ジャック・ラカン

精神分析における話と言語活動の機能と領野

ローマ大学心理学研究所において行われたローマ会議での報告

1953年9月26日・27日

新宮一成 訳

弘文堂

I

目次

凡例

一　本書は、Jacques Lacan 著 "*Écrits*"（Éditions du Seuil, 1966）の二三七―三二二頁に収録された論文 "Fonction et champ de la parole et du langage en psychanalyse: Rapport du congrès de Rome tenu à l'istituto di psicologia della universitá di Roma, les 26 et 27 septembre 1953" の翻訳である。

二　原文の《 》（二重ギュメ）は、訳文では「 」（カギ括弧）を使用する。

三　原文のイタリック体の部分（著作名・誌名を除く）は、訳文では該当部分に傍点を付して示す。原文を添える場合は（ ）内に

①フランス語は標準体（立体）で入れる

②フランス語にとっての外国語はイタリック体のまま入れる

こととする。

四　訳文中＊で示した数字は原注番号である。原著では頁ごとに1から起こしてあるが、訳文では章ごとの通し番号とし、注の文章は見開きの左側に掲載した。但し、スペースの関係で該当の見開きに収まらない場合は、次の見開きに頁数を添えて掲載した。

五　訳文中に訳注として示した数字は訳注番号である。章ごとの通し番号とし、注の文章は一三七頁以下に本文の頁数を添えて掲載してある。

六　訳文中の『エクリ』収載論文のタイトルは、弘文堂刊の邦訳版のものを採用した。但し、本書のタイトルはその限りではない。タイトルと訳文中の「話」や「話すこと」という訳語は、おおむね底本中の "**parole**" に、「語らい」は同じく "**discours**" に、「言語活動」は "**langage**" に対応する。

七　訳文の頁下の三桁の数字は、原著のノンブル（頁番号）である。

まえおき

とりわけ、自然の内には、胎生学、生理学、心理学、社会学、そして臨床への切り離しは存在せず、それゆえ、学問もまた一つしか存在しないということが忘れられてはならないだろう。その学問とは神経生物学であり、我々としてはその観察範囲にしたがって、そこに、人間のという形容詞を付け加えることとしたい。（一九五二年、ある精神分析研究所の碑銘として選ばれた引用句[訳注1]）

1

ここに収録されている語らいをお読みになる前に、まずそれが生まれた状況の説明を聞いていただきたい。なぜならそれはその状況の刻印を押されているからだ。

語り手に対して、この語らいのテーマはあらかじめ与えられていた。それはある学会の年次会議において型通りの理論的報告となるべきものだったからだ。フランスにおいて当時精神分析を代表する立場にあったこの学会は、「フランス語圏精神分析家会議」という、既に十八年の伝統のあった会議を主宰してきていたが、その二年前からは、ロマンス語圏の精神分析家にもその範囲を広げていた（オランダはその言語的寛容性の高さによって、そこに含められた）。この会議は、一九五三年には、ローマで九月に開かれることになっていた。

しかしその頃、深刻な意見の不一致が、フランス・グループの中に亀裂をもたらしていた。この不一致が露わになったのは、「精神分析研究所」の財団設立がきっかけであった。そして当時、自分に有利な規約とプログラムとを強制することに成功した一団は、異なった考え方を仲間と共に導入しようとした人間に、ローマで話すことはまかりならぬと宣言し、この意図のために、彼らの権限を最大限に利用してはばからなかったのである。

しかしこれを機に、新たに「フランス精神分析学会」（Société française de Psychanalyse）を創設していた人々は、彼らの教えに賛同して集まった大勢の学生たちから、既に予告されていた発表を聞く機会を奪うことはできないと考えたし、さらにその発表がなされるはずであったこの歴史に冠たる町から、すごすごと引き揚げることもできないと考えた。

イタリア・グループから彼らを支えるべく寄せられた寛大なる共感に応えるためにも、彼らはこの世界の首都において日和見的な客人の立場に甘んずるわけにはいかなかった。

そしてこの語らいの語り手について言えば、彼は、話について話すという彼の任務がいかになまやさしいものではなかったとはいえ、まさにこの町ならではの、黙許のような何かによって、救われたと感じたのである。

実際その時彼の脳裏に浮かんでいたことがある。それは、この世界の最高位の説教壇の栄光が輝き出すよりもさらに前に、アウルス・ゲリウス（Aulu-Gelle）が、その『アッティカの夜』においてヴァチカン山（*Mons Vaticanus*）と言われる場所に、ヴァギーレ（*vagire*）、すなわち人生の初めに人が発する泣き声という語源を与えていたということである（訳注2）。

このことからしても、もしもこの語らいが単なる泣き声以上のものにならなかったとしても、それが他ならぬこの場所で発せられた以上は、それが産ぶ声となって、言語活動（langage）の中に置かれている精神分析という学問の基礎づけが、これから建て直されていくこともあろうかというものだ。

そしてまた、この建て直しは歴史からあまりにも大きな意味を受け取っていたから、彼は継ぎはぎと総合の中間あたりに位置するあのいわゆる「学会報告」の慣例的なスタイルから袂を分かたざるをえなかった。そして、彼のこの語らいは、この学の基礎を問いに付するための皮肉なスタイルを備えることになったのである。

彼の聴衆は、我々から話を聞くことを期待していた学生たちであったから、彼はまずその語らいを彼らに差し向けた。そしてその結果、重箱の隅をほじくることをもって厳密さの猿真似をし、規則と確実性とを混同する、占い師たちの間にでも見られるような慣例を捨てることになった。

彼ら学生たちを当時の状況にまで追いやった軋轢の中で、彼らは、彼らの主体としての自律性ということに関して、あまりにも法外な無理解を示されていた。そのため、そもそもの自律性への要求は、このような行き過ぎを許したこれまでの基本方針に対する反発という形をとって現れるようになっていたのである。

このことはつまり、この軋轢を生み出していた局部的な状況を越えて、それをはるかに凌ぐような大きな規模で、一つの悪弊が露わになりつつあったということに他ならない。精神分析家の養成を司るのだと主張するにあたって人々があれほど権威的な態度をとり、しかも結局主張するだけに終わったということは、制度化されたこの養成のあり方こそが、見込みのない少数派化という逆説的な結末を導いたのではないかという疑念を生ぜしめていた。

フロイトが彼の教えの伝達を保証するものとして思い描いた、通過儀礼的な色彩を持ち、また強力に組織化された形式は、たしかに、統合的な経験の水準においてしか生き続けられないこの学の立場を考えると、正当化されることもあるだろう。

しかしそういった形式が現実に行きついたのは、冒険に罰を与えることによって向上心を阻喪させ、さらに教え込まれた教義で頭を一杯にして扱いやすい慎みある人間になるという行動原則をつくり上げ、その中で厳正であるべき研究心が、燃え尽きる前に立ち腐れてしまうような、そのような期待はずれの形式主義でしかなかったのではあるまいか。

我々の学のように概念が極端に錯綜している領域にあっては、他のどの領域にもまして、一人の人間が己れの判断を公にすることによって、自分の能力の実態を曝け出すことになってしまう危険性が高い。

しかしそれだからこそ我々は、あえて諸原理の究明を通じて己れの主張を解放してゆく道を選ばざるをえないのであり、我々のこの発表はその嚆矢《こうし》となり、多くの主張が我々の後に続くことであろう。

それではどの主張を採るかという重い選択が課せられることになろうが、この選択は小手先の彌縫《びほう》策によって無際限に延期されることなく、具体的な生産の豊かさに基づいて、また拮抗する論説相互の弁証的な試練を経て、判断されることになってゆくだろう。

このように言うのは、意見の分裂をよしとしておく方が、我々にとって都合がよいからというわけでは決してない。全くその逆である。実際我々は、我々が正規の手続を許されなかったためにあたかも無心者のようにやって来ていたあのロンドンの国際学会において(訳注3)、我々に好意的であったある人が、我々が我々の分裂を、教義上の不一致によって根拠づけることができていないことを遺憾に思うと述べるのを聞いて、むしろ意外の念に打たれたのだ。それはことによると、国際的であることを目ざしている協会が、我々の経験の共通基盤についての原則を維持すること以外に、何か別の目的を持っているということになるのだろうか。

ずっと以前から昔日の悌は失われているということは、おそらく公然の秘密なのである。だから、我々のこの事件を重視したどんな矛でも突き通せない盾のようなジルボーグ（Zilboorg）氏が、学問的な論争による以外のいかなる分裂も認められないと主張したのに対し、どんな盾をも突き通す矛のようなウェルダー（Wälder）氏が、我々の一人一人が経験の基礎に持っている原則を互いに開陳し突き合わせれば、我々の町の城壁はたちまちのうちにバベルの混乱へと崩れ落ちてゆくだろうと答えたということは、もはやスキャンダルでも何でもない。(訳注4)

我々としては、何らかの新面目を施したからといって、それをいちいち手柄として誇ることは、趣味に合わないと思っているのである。

なぜと言って、フロイトが自分の経験の前進の途上で作り出した理論的諸概念は、いまだにとかくの批判を受けながらも日常語のあいまいさを失わずにいることによって、時には誤解の危険に身をさらすことがあるとはいえ、その響きの中から有益な力を汲み取り続けており、また我々の学は、その学理上の価値をこれらフロイトの諸概念にのみ負っているのであるから、それらの概念の用語法の伝統から身を断ち切ることは、我々にとって性急すぎるふるまいとなるだろうからである。

しかし一方ではこれらの用語は、人類学の現代の言語活動や哲学の最新の問題との対応関係が打ち立てられる時にのみ、その内実が解明されるものと思われる。なにしろ精神分析は、それらの諸学の中から、しばしば自分の財産であったものを譲り受けてくればよいだけなのだから。

いずれにせよ緊急になされねばならない仕事は、慣習的な使用の中ですり切れてしまった諸概念のうちから、それらがもともと有していた意味をよみがえらせることなのであって、その意味は、それらの概念の歴史への回帰と、それらの概念が主体の中にこそその基礎を有しているということへの省察を通じて再発見されるであろう。

そしてここにこそ教える者の役割、他のすべての役割がそこにかかっている役割があり、この役割を果たすときにこそ経験が最も明らかにその真価を顕わしうるのである。

この役割を人が忘れ去ってしまったら、自らの効果を意味というものによってしか支えられない行為から、肝腎の意味が消し去られてしまい、そして技法上の規則は単なるお作法と化して、経験によって認識（connaissance）を広げる可能性がなくなるばかりか、そもそも経験を現実として受け止めるということができなくなってしまうであろう。

自己の行為を自ら魔法だと考えることから遠くない所にいる精神分析家は、自分の実践がどういう領野の中を動いているのかということについてそのほんとうのところを夢想だにしたこともなく、したがってその領野の中に自分の行為を位置づける術も当然持っていない。こうした分析家ほど、自己の行為に裏づけを与えているものが何かということを横着に考えて済ましている人種もないのである。

我々がこのまえおきのエピグラフとしてお飾りに拝借したあの碑銘は、この横着さの格好の例である。

自分の実践の領野についてのこういう横着な考え方は、精神分析家の養成に関するある種の考え方、すなわち、運転免許を与えるという個別的特権には満足できないで、自動車の生産そのものにもくちばしをはさもうとしている自動車学校のような考え方には、なるほどうまく沿っている。

精神分析家の養成についてのこの自動車学校のたとえ話は、私としてはそれなりの出来といったところだが、最も重々しい精神分析の会合で通用しているいくつかのたとえ話と比べて見劣りのするものではない。それらのたとえ話は、素人を馬鹿にした業界人の語らいの中から生まれたくせに、通人の軽口が備えているような軽妙洒脱さを全く持ってはいないのだが、ずい分と勿体ぶっていらっしゃるおかげで、結構重宝されたりしているのである。

その例をあげると、時期尚早のまま実践に導き入れられる分析家の卵は、消毒をせずに手術に臨む外科医のようなものだという周知の比喩に始まり、師たちの軋轢によって引き裂かれる学生たちは、両親の離婚に巻き込ま

れた子どもたちのようなものだというお涙頂戴式の物語にまで至る。（訳注5）

これらのうち後者は最近生まれたものだが、いかにも、粗暴な試練に人を曝したがる教育において、控えめに見積もっても圧迫と呼んでよいような仕打ちを受けてきた人々の尊厳を、護ろうとしているかのように聞こえる。しかし、このたとえ話を持ち出してくる諸先生方が、声を打ちふるわせながらそれを語るのを聞くと、これはもうやはり、子どもっぽい正義の味方ぶりがいつの間にかその範囲を越えて、結局みっともない猿芝居へと堕してしまったのではないかと人ごとながら心配になってくるのである。

このような紋切り型によって覆い隠されてしまっているいくつかの真理こそが、何とかしてもっと真剣な討議のもとにもたらされなければならないものなのである。

真理のための方法であり、また主体の偽装を解くための方法である精神分析が、そのようなものとしての自らの原理を、自分自身の同業者組織の上に及ぼしたとしたら、言い換えれば、患者に対する役割、思想界での位置、同僚たちとの関係、さらには教えの伝達について、分析家たちがどのような考え方をするべきかということにまで及ぼしたとしたら、それは何か出すぎた野心であるとでもいうことになるのだろうか。

象徴の行為は、それ特有の不透明さの中に見失われてゆくとき、不安を引き起こす。しかし我々のこの発表によって、その不安を和らげられたと感じる人がきっといることだろう。かくしてフロイトによって開かれたいくつかの思惟の窓が、再び白日の光のもとへと、開かれることになるだろう。

いずれにしても、この語らいをとり巻く状況を思い起こしていただいたからといって、我々はこの語らいのあまりにも明白な不十分さを、それがそこから蒙っている急き立て（hâte）のせいにして言い訳をしようとしているのではない。なぜなら、まさにこの同じ急き立てから、この語らいはその意味のみならずその形式を受け取っているのだから。

その上我々は既に、論理の析出において急き立てがその機能を果たしていること、そしてそこで真理がその乗り越え難い条件に出会っていることを、間主体的時間に関わる範例的ソフィズムによって、示したばかりである。[*1]

創造されたもので急迫の中にその姿を現さないようなものはなく、また、急迫の中にあるもので、話の中にその乗り越えを生み出さないようなものもない。

しかしまた、人間にとってのこの創造と乗り越えの瞬間へと、ひとたび時機が至り来れば、その急迫に対して偶有的とならないものは何もない。なぜならそのような瞬間においては、人間は選び取ることになる足場と捨て去ることになる混乱とを、一つの理性のもとに同じものとして捉えうるからである。そして彼は、その両者が現実界のうちで有している緊密な統一性を理解し、両者の均衡を取る行為へと、自分自身の確信を通じて先駆けることになるのである。

＊1 「論理的時間と予期される確実性の断言」*Écrits*, p.197.（訳注6）

序

問題の遠日点にいるうちに、決定を下してしまおう、近日点に達したときには、われわれは熱さのために、問題それ自体を忘れてしまうだろうから。（リヒテンベルク）

「いくつもの太陽から作られた肉体ですと。そのようなものがどうしてありえるのですか?」そう叫ぶのは素朴な者たちだ。（R・ブラウニング『ある人々との会談』（訳注1））

自分自身の力の姿を発見するとき、人間はこれほどまでに激しい恐怖にとらわれる。だから人間は、自分のありのままの力の姿を露わにするときのまさにその行いの渦中にありながら、その姿から目をそむけようとする。精神分析の場合もやはりそうである。フロイトの発見――プロメテウス的な――は、確かにこのような人間の裸の力を露わにする行いであった。彼の作品がそれを証明している。しかし、彼の門下の職人たちの一人ひとりによってつつましく受け継がれている分析経験のどの一つを採り上げても、そこにこの行いが認められないということはない。

フロイトの発見から年を経るにしたがって、話の諸機能と言語活動の領野とから、この恐怖によって興味がそらされてゆく様子が、手に取るように明らかになってきている。そして精神分析の中では、この反発心が動機となって、「目標と技法の変更」ということを唱った運動が起こされるまでになった。精神分析治療の効力が薄くなってきたからそれを修正するのだとは言うが、そもそもそうした効果の減衰と、そうした変更のどちらが先かと言えば、それは鶏と卵の関係のようなものである。実際、理論においても技法においても、対象の側の抵抗の効果を前面に押し出すことは、それ自体が分析の対話法にかけてみなければならないものであって、そうすれば、このような強調の中には、主体の側のアリバイ工作以外の何ものも認められないということが判明するだろう[訳注2]。

右の運動の中に見られる論点構成を概観してみよう。別名我々の学問的活動と呼ばれているあの出版物に照らしてみれば[訳注3]、精神分析の今日的問題は、次の三つの標題のもとに浮かび上がる。

A　精神分析経験の技法における、また、精神発達のそれぞれの段階での対象構成における、我々の言い方をすれば想像界（l'imaginaire）の、またより直接的な表現を用いれば幻想（fantasme）——の役割。ここでの推進力は、児童の精神分析と、前言語的構造化への接近が研究者たちを種々の試みないし誘惑へと誘うにもってこいの好都合なフィールドとから、やって来ている。この推進力はいまやその極に達しているので、かえって、解釈作業の中で幻想に対してどのような象徴界からの裁可を与えたらいいのだろうかという問題が起こってきている。

B　リビード的対象関係という概念。この概念は、治療の進展についての考え方を一新し、目立たない形で治療の進め方を変えはじめている。この概念にその出発点をとった新手のもくろみというのは、精神病にまでこの方法の適用を拡大し、さらに、原理的に異なった種々の所与に対してまでこの技法を手当たり次第に使ってみようというものである。こうして精神分析は、実存的現象学へと、あるいは活発な慈愛の実践主義へと、合流してゆく。ここではまた、はっきりとした反動も生じていて、象徴化という技法論の軸への回帰も見られるようになっている。

C　対抗転移の、そしてそれに相関して、精神分析家の養成の重要性。この重要性が強調されるようになったのは、治療の終結の判断をめぐって種々の困惑があるからである。それらの困惑は教育分析を終えて候補生を実践に導き入れる時期をめぐる困惑と、根は一つである。それゆえ両者に共通する動揺が認められる。一方には、分析の効果の中で分析家の存在（être）が果たす役割は決して無視できないものであり、最後には切り札としてこの存在を開陳すべきなのだとするなかなか勇敢な意見があり、他方では、無意識の根に向けて、さらに深く探求を続けてゆく以外に解決というものはありようがないとする意見が、これまた熱心に説かれている。

これら三つの問題は、経験の活発さに支えられたそれぞれ異なる三つのどの前線においても、開拓者たちに熱心な活動をさせることになっているが、そこには、三つの問題に共通の特徴が顕れている。それは、分析家に向けられた、話すという基盤を放棄するようにという誘惑である。しかもこの誘惑はこともあろうに、話すということが、言いえないものと境を接しているだけに、本来ならば話すということについて他にもまして綿密な検討が要求されるような種々の分野、すなわち母による教育学、サマリア人的援助活動、そして対話法の修練といった領域をめぐって、生じているのである。分析家がもし、話すことだけでなく、それに加えて彼自身の分析家としての言語活動をも放棄して、既に体制化されている別の言語活動に従おうとするならば、危険は大きなものとなる。自分の言語活動を忘れた分析家がその代償として体制化された言語活動から何を受けとることになるかはわかったものではない。

全くのところ、子どもにおける象徴化の効果については、我々はもっと多くのことを知りたいと思っているところである。ところが、精神分析界の母奉行様たち、すなわち、精神分析の最高会議に母権制の香りを添えているあの母奉行様たちときたら、フェレンツィ（S.Ferenczi）が子どもと大人の関係の法則がそこに見られるとした、

12

あの言語の混乱状態に*1、しばしば陥ってしまわれるのである（訳注4）。

またわれらが精神分析界の賢者たちが構想なさった、対象関係が成熟してゆくという概念はどうもはっきりしない考え方から出ているので、どういうことなのかとお伺いを立ててみると、これはまた賢者たるの地位にふさわしくないような陳腐さが露わになるようなしろものなのである（訳注5）。

こういった結末――ここでは精神分析家は、混乱状態の中でのみみっちい手柄によって記憶されている、近代的英雄のタイプと変わりないものになってしまう――を打開するためには、話の機能についての研究に立派に立ち戻ればよく、そこでは精神分析家が師匠として通用するだろう、と言って済ませられるほど、事態は確かに単純ではない。

しかし、フロイト亡き後、我々の領域にとって中心的なこの話の領野は、あまりにも荒れるがままに放置されているではないか。思い起こされるがよい、フロイトその人は、どれほど固くこの中心領野に身を持し、周辺への過大な進出を慎んだかということを。彼は子どものリビード段階を発見したが、それは大人の分析を通じてであった。彼はハンス少年に解釈を与えたが、それは両親（訳注6）を介してであった――、さらに彼は、パラノイア性妄想病における無意識の言語活動の全体を解読したが、彼はそのために、シュレーバーがその精神崩壊の溶岩に埋ずもれながら我々に残した自伝的テクストだけしか用いなかった。しかも彼は、そのような精神崩壊の中で書かれたテクストを扱う際に、その論述の対話法（訳注7）的な進行についても、その意味内容の伝統とのつながりについても、最大限の敬意を払って師匠たるにふさわしい分析を行なったのである。

だから、師匠の座が空白になっているということが事実だとしても、それは師匠が逝去したことが理由なのではなくて、むしろ、人々がどんどん彼の作品の意味を摩滅させ、受け取らないようにしていることを意味しているに過ぎないのだ。現に師匠の座をめぐってどんなことが行なわれているかを見れば、そのことは納得される。

そこでは、むっつりとした、と言って悪ければ秘めやかに粛々と執り行なうというスタイルが技法として伝授されていて、少しでも風通しを良くしようとする批判があると、たちまち逆上が撥ね返ってきそうな具合である。全くのところ、ちょうどフロイトが宗教儀礼の成因、とまでは言わなくてもその営みを、強迫神経症との比較によって説得的に見通したように、この技法もまた一種の強迫神経症ではないかと問うてみたくなるほどに、古式ゆかしい典礼風の形式主義がまかり通っているのである。

この活動が自分自身を養うために産出している出版物に思いをいたすと、この類似性はもはや紛うことなきものとなる。そこでしばしば我々が受け取るのは、用語の起源への誤認が、用語の調和的使用を困難にするという問題を生み、この問題を解決しようとする努力は、さらにこの誤認を堅固にすることにしか役立たないという、奇妙な閉回路の印象である。

分析の語らいのかような変質の諸原因を突き止めるために、この語らいを支えている集団自身に、精神分析の方法を適用してみることは、全く正当であろう。

とはいえ、分析という行ないの意味が見失われているではないかと話しかけてみたとしても、ちょうど、神経症の症状の意味が承認されていない間に症状の意味によって症状を説明した場合のように、真実ではあるが甲斐なき仕儀となるだろう。むしろよく知られているように、その承認が無いあいだは、分析の行ないは、どう転ん

＊1　S. Ferenczi「おとなと子どもの間の言語の混乱」*International Journal of Psycho-Analysis.* XXX, iv, pp.225-230, 1949.

でも攻撃的なものとしてしか受け止めてもらえない。また、かつては分析家集団は社会的「抵抗」に出会ってそこで自分を再確認していたのだけれども、このような「抵抗」が無くなった今では、つまり、その活動が社会に認められるとまではゆかなくてもともかく「受け入れ」られるようになった今では、分析家集団が自分自身の活動を許容する限度は、もはや稼ぎ出した額にしか依存しなくなってとめどなく広がり、分析家集団はその額で自分がどのような社会的位階にあるのかを測っておられる。

これらの基本的事態がわかれば、精神分析という学理の中で認めうるいろいろな防衛——分離、取り消し、否定、そして一般的に誤認と言えるようなもの(訳注8)——を規定している諸条件を、象徴的条件、想像的条件、そして現実的条件に振り分けることができる。

このように考えてくると、精神分析運動にとってのアメリカ・グループの重要性は、その嵩でもって測られているわけであるが、そこに認められる上記の諸条件は、それぞれの重みでもって評価してゆくことができる。

まず象徴界においては、私が一九五〇年の精神医学会において指摘したc要素、つまり与えられた文化的環境に特徴的な一つの定数を、無視するわけにはゆかない(訳注9)。ここでは無歴史主義という条件がそれに当たる。ここには皆が一致して認めるように、合衆国で言われている「相互伝達《コミュニケイション》」の主たる特色があり、そして我々の言う意味では、これこそが精神分析経験の対蹠点に位置するものである。これに加うるに、いかにもアメリカ産と言うべきある種の精神形態があって、この精神形態は現在では行動主義という名前を着てアメリカの心理学の考え方をすっかり支配し切っており、精神分析においても明らかに、この精神形態がフロイトのひらめきに無惨に蓋をしてしまっている。

残る二つの次元については、次に挙げることがらを評価する仕事を当事者たちに委ねたいと思う。一つは、精神分析の諸団体の生態に現れているさまざまな仕組みが、それぞれの団体内での相互威信関係に何を負っているか、さらには、それら諸団体による社会総体への自由な働きかけから得られる効果に、何を負っているかということである。そしてついでに、それらの団体のもっとも頭脳明晰な代表者の一人によって力説されている次のような議論にどれほどの信を置くべきかということも考えておいてもらいたい。それによると、移民が指導的位置を占めている精神分析集団には外来性があり、また、アメリカという文化の先述の無歴史性という条件は、移民を引きつける機能を持っていて、そこには異化効果があり、この両者の間には、収斂しあうところがあるというのである。(訳注10)

いずれにせよ異論の余地のないこと、それは、精神分析の構想が、ここでは、個人を取り巻いている社会に個人を適応させること、行動のパターンを研究すること、そして人間関係 (*human relations*) という概念の中に包含されているあらゆる客観主義化という方向へと、屈折を蒙ったということである。これらは、人間工学 (*human engineering*) という御都合主義で生まれた用語の中に示されているように、対象としての人間から、自分だけは特権的に除外されようとする立場である。

この立場の維持に必要な距離を取らんがために、精神分析において、その経験にとっての命とも言える無意識や性という用語が日蔭者扱いされるのは必定であり、それらが一切言及されなくなる日もどうやら近そうである。

そのグループの公的な刊行物も、形式主義や商業主義を問題にして告発しているが、それには我々は関わり合う必要はない。パリサイ人(訳注11)も商店主も、その共通する本質によって我々の興味を引くにすぎない。彼らはその共通の本質上、話すということに困難を抱えている。とりわけおしゃべりの店 (*talking shop*) とは何だろう、話すという職業とは何だろうと考えなければならなくなって、彼らは困難に陥るのである。

それはつまり、言っていることの動機が伝わってこないしゃべり方というものがあるが、そういったものは、なるほど威信を支えるのに役立つことがあるとはいえ、少なくとも人にものを教えるときに必要となる造詣の深さを必ずしも伴うものではない、ということである。ついでながらつい先日、優越性を維持するために、誰かが形式上どうしてもひとつのレクチャーをしておかなければならなくなったときに、このことがよく感じられた。

そんなわけだから、人々が、先に述べた三つの前線で行なわれた試行錯誤の報告を数え上げて、こぞって伝統的技法への永久の忠誠を誓い合ったとしても、その忠誠にはあいまいなところが残らざるをえないのである。そのあいまいさは、人々が伝統的技法を形容するのに古典的（classique）という用語をやめて、正統的（orthodoxe）という用語に代えたというところに窺い知れよう。学説の上で何ら言うべきことをお持ちでないとき、人はお行儀良さに執着するものなのだ。(訳注12)

ここで我々は、技法というものは、それを基礎づける諸概念に無知な方々の手に掛かっては、理解されることも正しく運用されることもないということに、今更のように思い至るのである。我々は、技法を基礎づける諸概念は、言語の領野の中で方向づけられ、話の機能に応じて組み立てられる以外には、その十全なる意味を発揮しうる道を知らないということを、これから示してゆこう。

ここで指摘しておかねばならないのは、いやしくもフロイトの概念を扱おうと思うならば、たとえ字面が現行の概念と同じであっても、直接フロイトを読むという労を省いてはならないということである。それにつけても、ちょうどこの時季になったので思い出すのは、精神分析の本能理論（théorie des instincts）が蒙ったあの災難のことである。それはこうだった。フロイトは、本能理論には神話的な部分があると明言していた。(訳注13)ところがある著者が、そんなことにはおかまいなしに、フロイトについての展望論文を書いた。彼のそうした軽率さはまあ無理からぬことで、彼はフロイトを読み込むべきところで、マリー・ボナパルトの仕事のお世話になったからである。彼は、彼女の仕事を、まるでフロイトのテクストの等価物であるかのように、しかも読者にはそれと知らせぬまま、ところかまわず引用した。おそらくこれは、良識ある読者がよもや両者を混同することはあるまいという信頼によるものかとも受け取れないことはないのだが、それにしても、彼自身がマリー・ボナパルトによる第二の焼き直しの本当のレベルを正確にわきまえていたとはどう見ても思えない。このような経緯で、還元に演繹をつぎ足し、帰納に仮説を重ねて、彼は間違った自分の前提の厳密なる同義語反復を、自分の結論として引き出すことになる。いわく、問題となっている本能（**instinct**）とは、反射弓（**arc réflexe**）のことである、と。まるで、昔ながらの大道芸の出し物で、せっかく積み上げられたお皿の山がぐらぐらっと崩れ、哀れな芸人の手には、残骸から拾い上げたふぞろいな二つのかけらしか残されていなかったというように、性感帯の間のリビードの往来の発見にはじまり、普遍的快原理から死の本能へのメタ心理学的移行に至るまでの、フロイトによる複雑な構築物は、いまや、かの詩人に愛されたしらみを探す女たちの活動(訳注14)をモデルにしたような受動的なエロスの本能と、単なる運動性に同化された破壊の本能との、二つ組へと変貌してしまった。かくなる結果は、誤解から出てくるもろもろの帰結を押し詰めていって、知ってか知らずか、ついには厳密性にまで仕立て上げてしまうというお見事な芸として、ここに謹んで言及させていただく価値があるものである(訳注15)。

I　主体の精神分析的実現における、充ちた話と空ろな話

わが口に、揺るぐことなきまことの話を与え給え、而してわれを、思慮深き舌となし給え。
（『内なる慰め』(訳注1) 第四五章「皆を信じるべからざること、ならびに、あえかなる話の躓きのこと」）

いつだって、原因《ずっとしゃべっていなさい》。（「因果論的」思考の標語(訳注2)）

治癒、養成、あるいは深部探究のどれを目ざす力になろうとしても、精神分析にはただ一つの媒体しかない。すなわち、患者の話である。当たり前だからといってこのことを無視してはいけない。ところで、どのような話も、応答を呼ぶ。

よしんば話が沈黙にしか出会わなくとも、話に聞き手がいる限り、答えのない話はない。このことにこそ、精神分析における話の機能の心臓部がある。これから我々が示すのはそのことである。

では、話の機能がそうした事情のもとにあることを、御存知ないような精神分析家がいたとしたらどうだろう。それでも彼は、その話の呼びかけを、さらに激しく蒙ることになるだろう。たとえ、はじめにはそこには空ろだけしか聞き取れなかったとしても、彼は自分自身のうちにその空ろを体験して、やがて、その空ろを満たしてくれるような何らかの現実性を、話の彼岸に探しにゆくことになってしまうだろう。

かくて分析家は、主体が言わないでいることを、主体のふるまいの中に見つけようとして、そのふるまいの分析に及ぶことになる。しかしそのことについて主体から何らかの告白を得るためには、話してもらわないことにはどうにもならない。かくして再び話が始まる。沈黙はふるまいによって無効にされた。沈黙は、己れ自身の無から感じとられる阱の前に立たされて、自分を持することができなくなってしまった。再び始まった話は、こんな沈黙の敗北に応じただけのものになってしまっているのではないだろうか。

しかし、そうだとしたら、主体の言行為の空ろの彼方からの、主体の呼びかけは、どうなってしまったのだろうか。それは原理的には、真理への呼びかけであったはずなのだ。それを通して、もっとつましい欲求たちの呼びかけがもぐもぐ言うことになるだろう。しかしまず以て、主体の呼びかけは空ろそのものに固有の呼びかけなのだ。それは、あいまいな開口部においてなされる、一つの誘惑の呼びかけである。他者（l'autre）に向かって仕掛けられたこの誘惑の手段として、主体は自分の愛想のよさを発揮し、やがては自分のナルシシズムの記念碑をそこに賭けようとしているのである。

「いやいやそこにあるものこそが内省なのだ」と声を張り上げるのは、先ほどからの議論で自分の身の危険を知るようになったご立派な人士だ。彼はおっしゃるだろう。私ごときが内省のすばらしさをすっかり汲み尽くしているというのはおこがましいが、それでも私は内省の魅力を味わったことにかけては人後に落ちぬと言わせていただこう、もしあなたの分析に出かけて寝椅子に横になることができたら、私の麗しく奥深き内省をたっぷりお聞かせすることができるのだが、ただ私にはもはやそのような時間がないのが残念だ、と。

このような御仁に、その経験の初期に出会ったことがあるはずの分析家が、いまだに精神分析における内省の重要性について語っておられるのは奇妙なことだ。というのも、いったん賭けが続けられることになれば、麗しき内省の虎の子はことごとく使い果たされ、どんなにかき集めてみても、その合計額は高が知れていることが明らかになるからであり、むしろ、我々のこの御仁にとっては予想だにしなかったような他のことどもがその姿を現してきて、彼ははじめそれらのことどもを馬鹿馬鹿しいと思い、ひとしきり沈黙に追い込まれることだろう。よくあることだ。*1

ここに至り彼はやっと、心地良い幻想に駆り立てられて口から出てくる独り言の蜃気楼と、あの語らいの労働との間の差異を、把握する。この逃げ場のない労働に敢えて「自由連想」という名を被《かぶ》せてきたのは、心理学者としてはユーモア精神からであろうか、治療家としては利口さからであろうか。

いずれにせよこの語らいは労働というにふさわしい。しかもそれには徒弟修行が必要だと言われてきたほどに、またその徒弟修行を経てこそこの労働が分析家の養成に役立つようになるのだと論じる人さえあったほどに、それは労働らしい労働なのだ。しかしこの労働をこんなふうに解するなら、それは熟練工を養成するだけのものになってしまうのではないだろうか?

それなら、この労働は、いったいどういうものだと言えばいいのだろうか? その条件と生産物を調べれば、その目標と利益ももっとよく見えてくるだろうか。

それにつけても、*durcharbeiten*《ドゥルヒアルバイテン》という用語は言いえて妙である。(訳注3) 英語にはこれに相当する *working through*《ワーキング・スルー》という語があるが、我々の国においては、この語は訳者たちをさんざん悩ませてきた。むろんそれらの訳者たちは、フランス語という我々の言語にしっかりと刻み込まれている、あの文体の名人の手になる、あのへとへとになるまでの修練のことを、まさか御存知でないわけはないだろうが。その名人のいわく、「お百度を踏むように、仕事に戻り……(Cent fois sur le métier; remettez...)(訳注4)」。しかし、ここ精神分析の場では、仕事はどんなふうに進行しているだろうか。

理論の教えるところによれば、それは欲求不満、攻撃性、退行の三つ揃いによってであるということになる。この説明は、わかろうとする労を我々から省いてくれるほどにわかりやすいという一面を持っている。直観とはなるほど素早いものだ。しかし、自明であるということは、むしろその直観が既成観念になってしまっているという疑いを我々に起こさせもするのである。(訳注5) しかし精神分析が直観というものの不十分さを暴露してしまったからといって、では感情に訴えようというのは穏当でないだろう。感情といってもそれは、対話的無能力を言い換えただけの忌み言葉であるに過ぎない。感情という語は、あの知性化(intellectualiser)(訳注6)という語——人々はこの語を軽蔑的に使うことによって、対話的無能力の方に花を持たせてやるのだ——と共に、主体に対しての我々[*2]の鈍感さを記しづけるスティグマとして、言語の歴史の中にその名を残すことになるだろう。

我々はむしろ、この欲求不満がどこから来るのかをたずねてみてはどうだろうか。果たしてそれは分析家の沈黙からだろうか。いや沈黙よりも答の方がはるかに欲求不満をもたらすことがしばしばである。空ろな話への答は、それが同意を含むものであってさえ、いやむしろそうであればなおさら、欲求不満を起こさせる。やはり問題は、主体の語らいそのものの中に内在する欲求不満ではないだろうか。主体は、自分自身から、あの存在なるものがますます遠ざかってゆくような状況に、身を投じているのではないのだろうか。彼はその存在を伝えようと真剣に絵を描いてみせるが、それらの絵はその存在についての観念の不整合ぶりを露わにするばかりだし、そこに加えられる修正も、いっこうにその本質を浮かび上がらせるにいたらない。その存在の彫像に支柱や風除け

＊1　この段落は書き直された（一九六六年）。
＊2　はじめ我々は、「心理に関しての」と書いていた（一九六六年）。

を施してみてもこの彫像がぐらぐらするのは止まらない。彼はこの彫像にナルシス的抱擁によって命を吹き込もうとする。そしてこれらの絵や修正や支柱や風除けや抱擁の果てに、彼はやっと認めるにいたる。この存在なるものは、想像界における彼の作品以外のものであったことはなく、またその作品は、彼の中に、どんな確実性をももたらしてくれはしないということを。というのも彼は、この作品をくり返し他者のために（pour un autre）構成し直そうとするこの労働の中で、根源的疎外（aliénation fondamentale）にもう一度出会うことになるからだ。かつてこの根源的疎外によって、彼は彼の作品を、他なるものとして（comme une autre）構成するように仕向けられたのだし、また彼の作品は、いつだって彼の手から他者によって（par un autre）奪い去られるように運命づけられたのだった。*3（訳注7）

精神分析理論家たちは、今やあの自我（*ego*）を、欲求不満に耐える受容力として定義するようになった。*4 しかし自我とは、そもそもその本質において欲求不満そのものである。自我が主体の欲望の欲求不満だというのではない。自我はむしろ対象の欲求不満なのであって、その対象の中には、主体の欲望が疎外されているのである。その対象に主体が手をかければかけるほど、主体にとっては、自分の享楽の疎外がさらに深まってゆく。だからこれは欲求不満の二乗なのだ。主体はこの欲求不満のあり姿を語らいの中で描いてみようとし、その姿は馴染みのよい心像《イマージュ》へと描き尽くされ、そこで主体自身が、鏡の戯れの中での対象と化す。（訳注8）しかし、彼はそれに満足できないだろう。というのは、どんなに非の打ち所のない自分の似姿に、その心像《イマージュ》の中で到達しようとも、彼がそこで認めさせることになるのは、やはり他者（l'autre）の享楽でしかないからだ。（訳注9）このようなわけだから、この主体の語らいに適切な答を与えることなどはできないのだ。というのも、主体を別人と取り違え《メプリーズ》てもたらされた話など、主体にとっては軽蔑《メプリ》から出たものとして受け取るしかないものになるだろうから。

ここで主体が経験する攻撃性は、欲求不満に陥った欲望から来る動物的攻撃性とは何ら関係がない。このような準拠で以て人はしばしばこと足れりとしてしまいがちだが、そこには誰にとってもさらに面白くないもう一つの攻撃性が隠されている。それはすなわち、己れの労働の欲求不満に、死の欲望を以て応える奴隷の攻撃性である。語らいの想像的意図を暴露し、それらの意図を満たすべく主体が構築していた対象を片づけてしまうような介入法が、このような奴隷の攻撃性で以て迎えられないとしたらむしろそれは不思議というものである。抵抗分析と呼ばれているものは実はこれなのだ。それが含んでいる剣呑さは、やってみればすぐに明らかになる。その剣呑さは、自分の患者たちの種々の幻想から、まさに攻撃的な意味作用ばかりが現れ出てきたと述べているある愚直な人の存在によって、既に示されているところである。*5

この同じ著者は、「因果論的」分析を進んで弁護して、この分析が、主体の過去についての高邁なる説明によって現在ある主体を変容させることを目指すであろうと言うのであるが、そうすると患者の自由は彼の介入の自由

＊3 この段落は書き直された（一九六六年）。

＊4 ここで実践的にも理論的にも逸脱が起こったということがはっきりと印づけられる。というのは、自我を主体の鍛錬と同一視してしまうことは、想像界への隠遁を、本能の統御と混同してしまうことになるからである。ひいてはここに、治療の進め方における種々の判断の誤りが待ち受けている。すなわち、自我のあまりにも強すぎる構造がその理由となっている種々の神経症において、自我の強化を企てるという袋小路が生じるのである。我々の友人マイケル・バリント（訳注10）さえ、次のように書いていたではないか、自我（*ego*）の強化は、早漏（*ejaculatio praecox*）の患者にとって望ましいものであるはずだ、なぜなら、それは患者に、欲望をより長く引き伸ばすことを可能にするだろうから、と。しかしどうしてそのようなことが考えられよう、主体がかの行ないに短絡路を設けてしまうのは、まさに想像界の自我の役割に、彼の欲望が釘づけになっているからだというのに。精神分析の臨床が明瞭に示すところによれば、この短絡路が結びつけられているのは、パートナーとのナルシス的な同一化である。

にかかっていると考えなければならなくなる。彼はそんな不安はないのだと言いたげであるが、それでもその不安は彼の語調にまで現れてしまっている。苦しまぎれに彼が飛びついたその場限りの彌縫策がたまたま主体にとって具合がよかったとしても、それは面白い冗談という域を出ず、我々をそれ以上に引き留めておくようなものではない。

それならば、ある種の人々が、精神分析の手技はその中に限定されるべきだと思っている、あのここに今（*hic et nunc*）に目を向けてみるとどうだろうか。この概念は事実有益なこともある。ただし、精神分析家がそこに想像的意図を発見したとき、その意図が表現されている象徴的関係から、その意図を分析家が切り離さないという条件がある限りにおいてであるが。すなわち、主体の自我（moi）に関して何かが現れていても、それが、主体によって、「私（je）」の形のもとに、言い換えれば一人称の形に、とりまとめられていない限り、そこからは何も読み取ってはならない。

「私がかくかくしかじかのものであったのは、私が私のありえるものになるためだったのだ」。主体がこのような常に変わらぬ切っ先でおのれの蜃気楼を引き受けてゆくのでなかったら、いったいどこで分析の前進を捉えられようか。

だとすれば、分析家が、主体の本音を狩り出そうとする余り、主体をその所作や姿勢という次元にまで追いつめてしまったら、それは危険を伴うことになるだろう。ただし、そうした所作や姿勢を無音の声部《パルティ・ミュエット》として、主体のナルシス的な語らいの中に再統合するのならば話は別だが。このことは実は、まだ若い実践家でも、非常によく感づいていることである。

今度の危険というのは、主体からの陰性の反応のことではない。むしろ、主体の姿勢《スタティーク》が、相も変わらず想像界の中で客体化されて、ほとんど彫像《スタチュ》というべきものに化し、主体が疎外の身分《スタチュ》をまた新たにしながら、そこに幽閉されてしまう危険のことなのである。

分析家の技芸は、その対極にある。それは、主体の諸々の確信を、その最後の蜃気楼が消尽されるまで、宙づりにしておくことである。そして、蜃気楼の解消の過程は、語らいの中で、区切りをつけられながら進んでゆかねばならない。

その語らいがどれほど空ろに見えようとも、そのように見えるのは、語らいを額面通りに受け取ったせいである。その額面については、マラルメの一節に現れる、図像も文字もすり減ってしまった貨幣の両面を考えてもらえばいいだろう。彼は、正当にも、言語活動の共有された使用を、このような貨幣の交換にたとえているのである。貨幣はそういう状態でも「沈黙のうちに」手から手へと受け渡されてゆくものである。この隠喩によって我々は思い出すだろう、話というものは、まさにその聞き倦きられた究極の姿においてこそかえって、合図の札としての価値を保持するものだということを。(訳注11)

語らいが、たとえ何も伝達していなくても、それは、相互伝達が現存していることを表す。語らいが、証拠はないと言ったとしても、それは、話が真実を構成していることを確言している。語らいが、欺くためになされたものであるにしても、語らいは、証言における宣誓の効果を当てにしている。

＊5 (23頁) この報告は実は、我々のこの講演の序の末尾においてご登場願った、あの論文(本書十六—十七頁)においてなされている(一九六六年)。そこに現れてきていることからは、次のことが読みとれる。すなわち、攻撃性は、分析による欲求不満の一つの副作用に過ぎないということである。また、この副作用がある種の介入法によって増強されたものである以上、それは欲求不満と退行とをつなぐ理由にはならない。

そしてここで問題になることは、どの「声部《パルティ》」に、意義ある項目が記されているのかということを聞き取ることである。そしてそのことを精神分析家ほどよくわきまえている者はいない。最善の場合彼は次のようにして仕事をするのである。日常のできごとの報告を、わかる人にだけわかる寓話として聞き、長々とした大活弁を単刀直入な間投詞として聞き、逆に、ちょっとした言い間違いを非常に複雑な宣言として聞き、また沈黙という休止符を、その休止符に集約された連綿たる抒情的展開部として聞く。

このように、主体の語らいにその意味を与えるのは、時宜を得た句読法なのだ。だからこそ、そのつどのセッションの終わりもまた、句切れとしての役割を持っていることを見逃してはならない。現在の技法論では、セッションの終わりは単純に時計の時間によって、したがって語らいの織り糸とは無関係に告げられることになっているが、実はセッションの終わりは、結論を出す瞬間《とき》を析出させるための介入としての十全な価値を持っているのである。(訳注12) そしてこのことは、セッションの終わりという持ち札を、慣習的な枠組みから解放し、技法論にとっての有益な目的に供すべきであることを示している。

このようにすれば、我々は退行をうまく取り扱うことができるのである。そもそも、退行とは何だろうか、それは、己れの構造の分解が起こるたびごとに、自我（ego）が、幻影的な諸関係を立て直そうとしているということの、分析の語らいの中での顕現に他ならない。けだし、この退行なるものは、現実界のもの（réel）ではない。それはまさに言語活動の中でこそ姿を現す。すなわち、調子の変化、言い回しの特徴、そして、大人がわざと「赤ん坊のように（babyish）」話してみせたりするのとそう変わらないくらいの「あえかなる話の躓き」を通して、姿を現すのである。退行に、対象への実際の関係としての現実性を与えるのはお仕着せである。このようなお仕着せは、またもや主体を、疎外的なまぼろしの中に投射し映し出すことになる。そしてこのまぼろしは、実は精神分析家のアリバイ工作を反映したものに他ならない[訳注13]。

だからこそ精神分析家にとっては、主体の現実との接触とやらを体験してゆくという考えに頼ること以上に、大きく道を誤らせるものはないのだ。直観心理学あるいは現象学的心理学が昨今一つ覚えに繰り返しているこの決まり文句は、現代社会という文脈における話（parole）の効果の衰退を全く徴候的に示すような拡がりを見せている。この決まり文句は、強迫神経症の徴候としての価値を持っているのだが、あらゆる現実の接触が規則によって除外されている精神分析という関係においてもてはやされることで、かえって、その価値が明らかになっているのである[訳注14]。

このような呪文を使う者が振りまく不可解な才能のように見えるものに、若い分析家たちはつい引き込まれやすいものだ。そんな時、彼らにとっては、自分が受けてきた監督分析（contrôle）[訳注15]を振り返ってみること以上に、正気に戻る良い手だてはないであろう。現実との接触という観点から見ると、監督分析というものが存在すること自体が、わけのわからないことに見えるであろう。だが、ここで言っておかねばならないが、むしろ逆に、監督者がそこで示してみせるのは、現実との接触であるどころか、第二の見方なのである。その見方は、監督分析の経験を、監督者にとっても、監督される者にとってと同じくらいかそれ以上に、教えられるところの多いものにする。だから、監督される者は、例のあの不可解な才能をあまり示せなかったからといってがっかりするには及ばないわけである。ただし、監督者のうちのある種の人々は、こういうときに、例の才能は、ことばで伝えよと言われても難しいのだよなどと言って、自分たちの技法のこつについてますます勿体ぶってみせたりするのであるが。

監督される者の才能の発揮は僅かなのに監督者はそこから教えられることが多いというこの謎の理由は、監督される者が、主体の語らいに対するフィルター、ないしは回折装置のような役目を果たし、主体の語らいの総譜は、たかだか三声か四声くらいのステレオ録音となって監督者の耳に届き、これによって監督者は元の総譜を読み取ることができるようになっているからである。

もしも監督される者が、この監督という語が忌まわしくも暗示する、統制を受ける者という立場とは異なった主体的な立場に、監督者によって立たせてもらえるとするならば（監督という語を別の語で置き換えるとすれば、英語であるところが多少残念であるが、スーパーヴィジョン（*supervision*）という語になるだろう）、この訓練から彼が引き出しうる最善の成果は、そもそも状況からして監督者がそこに置かれている、第二の主体性という立場に、監督される者自身がどのように身を置き続けるかを学ぶということになるであろう。

監督される者がそこに見出すのは、分析家のまんべんない注意とかぼんやりした注意とかいう古典的な定式がきわめて近似的にのみ表現しているものに到達する正統な道であるかも知れない。というのは、本質的なのは、この注意が何を目指しているのかを知ることであるからだ。それはむろん、ある種の人々が決して見失うまいと目を凝らしているような、主体の話の彼方にある何かの対象などではない。我々は、自分の分析の仕事を行ううちに、そのことをはっきり知るだろう。もしもそのような対象に目を凝らすことが精神分析の道なのだとしたら、精神分析にはまんべんない注意などというものの他に頼るべき手法がいくらでもあることになってしまうだろうし、あるいは、精神分析は、自らの目的へと至る諸々の手段を自らに禁じるような、他にはお目にかかれない方法論だということになってしまうだろう。

分析家の射程内にある唯一の対象は、分析家を、自我（moi）としての主体に結びつけている、想像的関係である。そして、この想像的関係は除去することができないので、分析家はそれを、耳への流入量を調節している耳栓だと思えばよろしい。耳を聞かないために使うのは、ごく普通だということを生理学も福音書も一致して示してくれている。すなわち、本来聞くべきことを検出するために、聞かないようにするのである。(訳注16) 今ある限りのこのような耳だけが、分析家が持っている耳であって、無意識から無意識へと直接に相互聴取を行なうための、第三、第四の耳のようなものを、残念ながら分析家は持っていない。(訳注17) このようないわゆる相互伝達《コミュニカシオン》についてどう考えるべきかはのちに触れよう。

我々は、分析における話の機能に、最も報いられるところの少ない側面からまず接近してきた。この空ろな話という側面においては、主体は、主体と取り違えられるほどにそれこそ瓜二つでありながらしかも決して彼の欲望を彼と一緒になって引き受けてくれることのない、そのような誰かについて、空しく話しているように見える。理論においても技法においても、話すということをますます軽視する風潮がさかんになっているが、その源はここにあるということを我々は示してきた。我々は、分析の動きにとってはハンドルの役目を果たすことができるにすぎないもの、すなわち、実際には分析の対話法からは外れている個体の精神生理学的諸要素を、それがまるで、話すということの上にのしかかっている重たい挽き臼でもあるかのように、少しずつ持ち上げてみなければならなかった。これらの諸要素の固有の慣性に変更をもたらすことをもって分析の目標とするならば、それは虚構の運動に自ら囚われてしまうことになるのだが、ある種の傾向をもった技法論は、実際このことに満足を覚えているのであるらしい。

精神分析経験のもう一方の極に――つまり、精神分析経験の歴史、その個々の事例、その治療の進め方のうちに――目を移してみると、我々は、ここに今 (*hic et nunc*) の分析に対して、治療的前進の指標と拠り所としての病歴《アナムネーズ》の価値を、強迫的内主体性に対してヒステリー的間主体性を、また抵抗分析に対して象徴解釈を、対置させることになるであろう。ここに充ちた話の実現がはじまる。

充ちた話によって構成される関係がどのようなものかを検討してゆこう。

ブロイアーとフロイトによって設立された方法が、生まれてまもなく、ブロイアーの患者の一人アンナ・Oによって「お話療法（talking cure）」という名を与えられた(訳注18)、ということを思い出そう。いわゆる外傷性の病原的出来事の発見へとこの二人を導いたのもまた、このヒステリー患者と共に拓かれた経験であった。そのことも忘れずにおこう。

この出来事が症状の原因であると認められたのは、それが（患者の「物語（stories）」の中で）話されることによって、症状が取り除かれたからである。人々はここでたちまち、心理学から借用した意識化《プリーズ・ドゥ・コンシアンス》という用語にとびついてしまった。この用語は、なかなか権威のあるものであるとはいえ、明証性を気取ったもっともらしいこうした説明には、眉に唾付けてかかるに如《し》くはない。この時代の心理学的な先入見が邪魔をして、言葉にする《ヴェルバリザシオン》ことそのものだけで既にそこには声の風（*flatus vocis*）以上の現実が生じるのだ、ということが、認められにくくなっていたのでないか。実際、催眠状態の中では、言葉にすることは、意識化からは解離しているものであるし、そのことからも、言葉にすることによる効果を、意識化という考え方で説明するのは十分ではないということが知られる。

それにしても、ここでひとつあの勇猛な行動主義的止揚（*Aufhebung*）の戦士たちにお出ましいただいて範を垂れてもらいたいものだ。彼らなら、そもそも主体が何であれ物事を思い出したなどということを、我々は知る必要すらない、主体は単に出来事を語っただけではないか、と言ってくれるだろう。我々としては、いやいや主体は確かに、それを言葉にし《ヴェルバリゼ》ましたよ、と言うことにしよう。そういえばこのヴェルバリゼというフランス語は、調書に書き込み《ヴェルバリゼ》ましたよ、という意味にもなるから、調書を取っている憲兵《パンドール》が頭に浮かんで、パンドールと言えばあの箱を持ったパンドラを思い出さないわけにはいかない、だけれどこのパンドラではあの箱の中にせっかくの出来事をもう一度閉じこめなくてはならなくなりそうなので、ここでは、主体は出来事を、言葉《ヴェルブ》の中に移し入れましたよ、と言っておくことにしよう。もっと正確に言うなら、主体は、その出来事を、叙事詩（*épos*）の中に移し入れ、そこで、自分という人物の起源を、現在のこの時へともたらしているのである（訳注19）。こういったことが起こる言語活動、それは主体の語らいが同時代人によって聞き取られるということを可能にしている言語活動であり、さらには、同時代人たちの語らいが現になされていることを前提としている言語活動である。そうであってみれば、この叙事詩（*épos*）の語りは、古語ないしは異国語による往時の語らいを含んだりもするだろうし、それを役者の演技を駆使して演出してみせることさえ可能であろう。ただしそれはやはり、語りの流れの中で括弧に入れられて分離された間接的な語らいであり、またこの叙事詩が演じられるとしても、それはコロスのみならず観衆の現前をも含んだ舞台においてなのである。

催眠による想起は、確かに、過去の再生であるが、それは、まず以て、話された再現前化であって、そのようなものとして、あらゆる種類の現前のかたちを含んでいる。催眠による想起と、分析における、奇妙ながら「素材」と呼ばれているものの覚醒時の想起との関係は、どのようなものかと言えば、市民の集会を前にした都市国家の起源神話を舞台化した上演と、それと同じ素材でできているとはいえ、現代の国民が現に動きつつある運命の諸々の象徴をそこに読み取ろうとする物語との関係のようなものである。いずれの想起も、ハイデガーの言葉遣いを借りれば、主体を既在しつつある（*gewesend*）もの、すなわちかつてあれこれのように在ったもので在りつつあるものとして（訳注20）構成していると言えるかもしれない。しかしながら、このような時間化の内的統一性においては、在りつつあることが、複数の既在しつつあることの収斂を印づける。すなわち、それらの既在しつつある複数の契機のうちのどれか一つの契機の後で、別の複数の出会いが起こったと想定するならば、そこからは、その一つの契機を全く別様に既在しつつあるものとしてしまうような、別の在りつつあることが生まれるかも知れないのである。

ヒステリー性の過去開示は、その内容が想像界と現実界の両方に位置しているため、その二つの間を動揺しやすいものだが、この開示の両義性の淵源は、その動揺にあるのではない。またその開示が嘘だということでもない。この開示は我々に、話の中の真理の誕生を提示しており、また、それによって我々は、真でも偽でもないものの現実性にぶち当たっているのである。少なくとも、その問題の最も厄介な点は、ここにある。

というのは、この過去開示の真理たるや、それを現在の現実性の中で証言し、なおかつその現実性の名のもとにそれを基礎づけるのは、現に話されているその話に他ならないからである。いかにも、この現在の現実性においては、出来事による岐れ路の選択があるごとに、遠ざけられて潜勢態のままになった過去の部分を証言するのは、まさにこの話だけなのである。

それゆえ、フロイトが治療の仕上がりの尺度とした来歴想起《アナムネーゼ》の連続性という条件は、持続の回復というベルグソン主義的神話とは何の関係もない。そんな持続の中では、先行するあらゆる瞬間の変調をどの瞬間もまとめることはできないのだから、それぞれの瞬間の正統性は破壊されてしまうだろう。それはすなわち、フロイトにとっては、生物学的記憶や、その直観主義的神秘化や、症状という記憶錯誤ではなく、まさに想起すること、つまり歴史こそが問題になっていたということである。過去についてのさまざまな推断は、未来への約束を、天秤の上で揺り動かすものであり、フロイトは、この天秤を、日付の確実性という唯一の支点の上で落ち着かせようとした。公式的に言ってしまうなら、精神分析の来歴想起では、現実性でなく真理が問題となる。なぜなら、充ちた話の効果によって、過ぎ去った偶然性が再び呼び出され並べ直されて、来たるべき必然性の意味がそれに与えられるからである。主体は、この必然性を構成するあるかなきかの自由を通じて、過去の偶然を現在に持ち来たらしめるものなのだ。

フロイトが「狼男」の症例呈示において辿っている探究の紆余曲折は、ここに述べたことを確証しており、この紆余曲折はこのように考えてこそ充ちた意味を以て理解される。

フロイトは、原光景の日付を定めるに充分なだけの証拠を完全に客観化することを求めているが、しかし、彼がそこで前提としているのは、出来事は再主体化されるということであってそれ以上のことではない。出来事の再主体化はフロイトにとっては必然的と考えられている。なぜならそのように考えてこそ、主体が自らを再構造化する転回点が来るごとに、その出来事がまたもや効果を及ぼしてくるということを、説明できるからだ。再主体化と同じ数だけの出来事の再構造化が、*nachträglich*《ナーハトレークリッヒ》に、すなわち事後的《アプレ・ク》に作動する、とフロイトは表現したのである。[*6] さらにフロイトは、荒っぽさすれすれの奔放さで、これらの過程の分析においては、出来事が主体の中で潜伏していた期間は、省略してしまってもよいのだと宣言している。[*7] すなわち、彼はあの了解するための時間(temps pour comprendre)を無化して、結論のとき(moments de conclure)を前面に出すようにしたのである。結論の

*6　*G.W.*, XII, p.71, 仏訳『五つの精神分析』, P.U.F, p.356，この語の翻訳は十分にはなされていない（訳注21）。

*7　*G.W.* XII, p.72, n.1 後半。この注において事後性(*Nachträglichkeit*)の概念が再び強調されているのが見出される。仏訳『五つの精神分析』p. 356, n. 1（訳注22）。

ときとは、主体の思いめぐらしを、起源の出来事の意味を決定することに向かって急がせるものである。了解するための時間と結論のときは、我々が先に純粋に論理的な定理として定義した二つの機能である。[*8] それらは、対話法的な分析にとってすこぶる有利に働くことが判明しているがゆえに、我々の弟子たちにはつとに馴染み深いものになっている。我々は対話法的分析を通じて弟子たちを精神分析の手続きの中へと導き入れている。

他者（l'autre）に対して向けられた話によって、主体の歴史が構成されてゆき、それを主体が引き受けるということにこそ、フロイトによって精神分析という名を与えられた新しい方法の基盤がある。ちなみにこの命名が行われたのは、先頃ある権威者がそのだんまりの衣を脱いで、フロイトについては著作の題だけしか御存知ないことを自ら示しながら、それは一九〇四年だとのたまわったのであったが、そうではなく一八九六年（訳注23）のことである。[*9]

フロイトの方法は、このように意味の分析であるが、この分析を進めるにあたって、我々はフロイトと同様、ヒステリー症状が産生されている場合には心理的にも生理的にも普段とはかけ離れた状態が生じているということを否定するものではない。また、そうしたかけ離れた状態を、催眠ないしは麻酔が再生産し、さらにはそうした方法でこの状態が治療されうるということも否定するものではない。ただし、はっきりとフロイトは、ある時点からそうした方法に頼ることを自らに禁じたのであり、それと同じ明確な意図を以て、我々もまた、症状を説明するためにもそれを治癒せしめるためにも、これらの状態に支えを求めることは一切すべきではないと考える。

こういった手段への依拠を自らに禁じているということが、確かにフロイトの方法の独自な点であると言えるわけであるが、それは、裏を返してみれば、この方法が自らのために取っておいた手段だけで、一つの領域を形成するのに十分であるということを意味する。その領域の境界が、精神分析の働きとそうでないものとの分かれ目を定める。

この方法の取っておきの手段というのは、話すということに他ならず、そのことこそ、個人の諸機能を意味あるものにするのである。その領域は、個人を横断する主体の現実性の領野としての、綾成す語らいの領域である。そしてその働きは、現実界への真理の湧出を構成するものとしての、歴史という働きである。

実際、まず第一に、主体が分析の中に入ると、程度の差はあれ主体がとらわれるあらゆる命令にもまして、それ自体で構成的な態勢を主体は受け容れることになる。それは対話《アンテルロキュシオン》の態勢である。私がこう言って、読者が驚《アンテルロケ》くとしても、何も不都合なことはない。というのは、ここは、主体の話しかけ《アロキュシオン》は、応答者《アロキュテール》を既に含み込んでいるということを、*10強調しておくいい機会だからである。言い換えれば、話者《ロキュテール》*11は、そこで、既に間主体性として構成されているのだということを、はっきりさせることができるからである。

第二に、対話者《アンテルロキュテール》の応答を内包したものとしてのこの対話《アンテルロキュシオン》という基盤の上に立って初めて、フロイトが主体の諸動機における連続性の再構成として要請している事柄の意味が、我々に伝わってくるのである。このフロイトの目標を、作業しつつ検証してみると、主体の歴史がその中で構成されつつあるこの語らいの間主体的な連続性の中でのみ、この目標が達成されるということが明らかになる。

---

*8　*Écrits*, pp.204-210.（訳注24）

*9　フランスの読者にとってはごく簡単に手の届く論文の中でなされた。というのもこの論文は『神経学雑誌』に出ているからである。当直医室の書棚でも御覧になればたいていこの雑誌が揃えてあるだろう（訳注25）。ここで告発された誤りは、我々が p. 246（本訳書十六頁）で敬意を表したこの権威者がそのリーダーシップの点でどれほどのものであるかを推し量る例となっている。

こういうわけだから、今日「真実血清《ヴェリテ》」というあだ名を戴いている、意識を眠り込ませる何らかの薬剤があり、この薬剤は言語活動に備わる固有の皮肉をあらわにしつつ、確実に逆の効き目を発揮してくれて(訳注26)、主体はこの効き目のもとで、自分の歴史についての御託宣を垂れるということもあろうが、だからといって、たとえ主体のこの御託宣を録音して、後から逆に主体に聞かせたり、あるいは医師の口から聞かせたりしても、このような疎外された形で主体に到達したものが、精神分析の対話と同じ効果を持つことなどできはしない。

また、何らかの第三項という位置において、フロイトの無意識の発見は、その真の基礎と共にその姿を明らかにし、次のような簡潔な仕方で定式化されうる。

無意識は、個人を横断するものとしてのあの綾成す《コンクレ》語らいの一声部、すなわち、意識的な語らいの連続性を再建しようとする際に主体の意のままになってくれない声部である(訳注27)。

無意識という概念を個人の現実性に関係づけた場合に現れてくる逆説は、こう考えることによって消えてしまう。無意識という概念を生物学的な無意識の傾向性へと還元してしまう考え方は、そのような逆説を一見解消させてしまうように見えるけれども、それは単に、無意識が観念ないしは思考の機能に属しているということを明白に示す経験に、目をつぶって通り過ぎようとするだけのことに過ぎない。無意識が観念の、ないしは思考の機能であるというこの点については、フロイトに曖昧なところはない。彼は、無意識の思考という言い方が相矛盾する二つの用語を結びつけたものだということはわかっていたが、この結びつきを避けるわけにはゆかなかったので、言葉を咎むるなかれ(*sit venia verbo*)(訳注28)という成句を、まじないのお札のように持ち出しているくらいである。我々もまた彼に従って、言葉に責を請け負ってもらう。しかしその言葉というのは、人々の口から口へと輪回しの輪のようにくるくると廻る語らいの中で、突如実現へともたらされてくる、あの言葉のことである。この言葉の実現から、主体はことづてを受け取り、主体の行為には、意味が与えられる。この意味を以て、その行為は主体の歴史の行為となり、主体には主体の真理が与えられる。(訳注29)

無意識の思考の用語上の(*in terminis*)矛盾をあげつらっていた、足もとの論理の覚束ない心理学からの難癖は、ここに至って脆くもくずおれる。代わってくっきりと浮かび上がるのは、語らいの現実をその自律性において証示するものとしての精神分析の領野である。そして精神分析家がそれについて発する「それでもそれは動いている(*eppur si muove!*)」は、かのガリレオの「それでもそれは動いている」へと、(訳注30)事実的経験ではなく、精神の経験(*experimentum mentis*)の水準で、時代を超えて響き合うことになるのである。

無意識は、空白で印づけられた、あるいは偽りで占められた、私の歴史のあの一章、それこそ検閲された一章である。それでも真理は再び見出される、えてして別のところに、真理は既に書かれているからだ。すなわち、

——記念碑の中に。記念碑とはすなわち私の身体、言い換えれば神経症のヒステリー核。そこではヒステリーの

＊10（35頁）　たとえ主体が「舞台裏に向かって《ア・ラ・カントナード(ラカン式に)》(à la cantonade)」話しているとしても、そうである。彼は、(大文字の)他者に向かって話している。この(大文字の)他者という概念によって、我々は理論を堅固なものにしてきた。それゆえ、我々は、この頃はまだ我々が取り組んでいたこの間主体性という用語を再び取り上げることに、判断留保《エポケー》をかけざるをえない(一九六六年)。

＊11（35頁）　これらの用語を、我々は今は亡きエドゥアール・ピション(訳注31)から借りている。彼は、我々のこの学問の開花にその方向性を示したばかりでなく、我々の学問が人称の暗闇を通り抜けるときの導きの糸を示してくれた。これらの彼の指摘は、分野を超越した彼の優れた洞察力を物語っているが、その洞察力は、意味論の分野における彼の長い修練に由来すると考える他はない。

症状は一つの言語活動の構造を示し、いったん採取されたらたとえ毀《こぼ》たれても大きな損失にはならない碑文のように、解読に付せられる。

——古文書の中にも。それは私の幼年時代の記憶だ。それらの記憶は、古文書と同じように、私がその由来を知らない間は、私を中に入れてくれない。

——意味論的進化の中に。それは、私に特有な語彙の蓄積と受容に対応する進化であり、そして私の人生の文体と私の性格にも対応する進化である。

——伝統の中にも。ないしは、私の歴史を英雄化された形で伝え聞かせる伝説の中に。

——そして痕跡の中に。変造された章を、その前後の各章につなぎ合わせるために、やむをえず歪曲がなされるものであるが、そうした歪曲は、避けがたく痕跡を保ち示している。そして、私の釈義学が、その痕跡の意味を再建してみせることになるだろう。

フロイトを理解するためには、フェニヘル(訳注32)氏の著作を読むよりフロイト自身の著作を読む方が望ましいと考えている学習者は実はかなり稀なので、我々はこの考えを広めるため腐心しているのだが、学習者の中でこの考えに賛同してフロイトを読んでみてくれる人があれば、すぐに納得してくれることだろう。今ここで述べた私の表現が、その細やかな彩りにいたるまで、私の独創というには程遠く、それどころか、これらの隠喩のうちのただ一つとして、フロイト自身の著作の中に現れていないものはなく、またフロイトはそれらの隠喩を、まるで織物の模様のモチーフのように繰り返しているので、そこからは彼の思考の織り糸が透けて見えてくるほどだということを。

その時その学習者は、手に取るように感じることができるだろう。一歩一歩自分の実践を進めるたびごとに、フロイトのこれらの隠喩が、まるで否定の否定が肯定になるように、隠喩的な次元を失ってゆくことを。このことがなぜなのかを考えてゆくうちに、彼は得心するに至るだろう。己れが仕事を進めている領域が既に、隠喩の固有の領域に他ならないのだということを。そして隠喩とは実は、症状において活動している象徴的遷移の別名なのだということを。

こうなればもう、フロイトとフェニヘルの差は、論理的一貫性からも技法的有効性からも、歴然としてくるであろうし、彼は、フェニヘル氏の著作を動機づけている想像的遷移がいかなるものであるかをよりよく判断することができるだろう。一方には、個人の発達のいわゆる有機体的段階への参照があり、他方には、主体の歴史の個別的な諸々の出来事の探究があり、氏の著作における遷移はこの両者の間で想像的に生じてしまったものなのである。両者の差は、正統の歴史研究を、いわゆる歴史法則なるものから隔てている差異に他ならない。歴史法則と言えば、時代ごとに、その時代に蔓延している価値観におもねりながら、その手の法則を吹聴して廻る哲学者がいつでもいるものだ。

だからといって、ボシュエ（ジャック＝ベニーニュ）[訳注33]からトインビー（アーノルド）[訳注34]に至り、オーギュスト・コント[訳注35]とカール・マルクス[訳注36]の構築物によって区切られている道程に沿って、歴史の全般的歩みの中から発見されたさまざまな意味を、我々が捨て去ってよいというのではない。そうではなく、誰もが知っているように、歴史法則とやらがあったところで、近過去についての探究を秩序立てることも、また明日の出来事をそれなりの根拠を持って推し量ることもできはしないということなのである。ついでながら、それらの法則は、明日のことは明後日になってから確信を持って予言してさしあげようという程度の控えめなものだが、昨日起こった出来事は自分がちゃんと予言してあったと言えるようにその出来事をちょっといじくってみるなどということはなさらない

40

ほどにはお行儀のよいものではない。

これらの歴史法則が科学の進歩にとって果たす役割はなるほどこのように頼りなげなものでしかないのではあるが、その興味は実は、別のところ、すなわち、諸々の理想という役割の中にある。そしてそれはなかなか侮りがたいものである。この興味によって、我々は、歴史化の一次機能および二次機能と呼びうるものを区別するように導かれるのである。

我々は、精神分析というものも歴史というものも、科学としては、個別的なものの学なのだということを確認するものであるが、それは決して、これらの学が関わっている諸事実が単に偶然的なものに過ぎないとか、ひょっとすると作為的なものであるとかいうことなのではないし、またそれらの諸事実の価値を突き詰めてゆけば、外傷の生のままの有様にまで行き着くということなのでもない。

出来事は、一次的な歴史化というべきものの中で生み出される。言い換えれば、歴史は、既に舞台の上で作られる。そしていったん書かれるや、その舞台の上で、歴史は、人の内面においても、また外部の法廷においても、演じられてゆくことになるのである。

サン・タントワーヌ通り(訳注37)である時代に起こるある争乱は、その役者たちによって、議会や宮廷の勝利や敗北として生きられるが、別の時代には、それはプロレタリアートやブルジョワジーの勝利や敗北として生きられる。レス枢機卿(訳注38)風に言えば、最後につけを払うのはいつも「人民」だとしても、それは歴史的に等しい事件だというわけではない——つまりは、人間の記憶の中に、同じ種類の想起を残すのではない。

すなわち、議会と宮廷という現実が消え去ると共に、この第一の出来事は、外傷としての価値へと還ってゆくであろう。その価値は、人がその意味をことさらに再び活性化させるのでなければ、然るべき漸進的な消去を蒙るであろう。他方、第二の出来事の思い出は、プロレタリアの政治的未来に向けての戦いという名目に自分の反抗心を従属させる人々が、つまり弁証法的唯物論という鍵言葉に意味を見出す人々がいる間は、たとえ検閲を受けたとしても――抑圧による健忘が記憶の最も活発な形式の一つであるように――、生き生きとしたままに留まるであろう。

では我々はこれらの歴史的指摘を精神分析の領野にも持ち来たらせようとしているのかと言えば、それは言い過ぎになるだろう。なぜなら、これらの指摘は既に、精神分析の領野には存在していて、それらが無意識の解読技法と、本能理論あるいは欲動理論との間のもつれをほぐしてくれているということは、言うまでもないことだからである。

我々は主体に対して、何を彼の無意識として認識するように教えるのか。それは彼の歴史である。すなわち、我々は、彼の生存の中で既に一定数の歴史的「転回点」を画しているような諸事実を、彼が現在において歴史化しおおせるように助けるのである。ただし、これらの諸事実が「転回点」の役割を担ったとすれば、それは既に歴史の事実としてのことである。つまり、それらは何らかの意味で認識されているか、または何らかの秩序のもとに検閲されている。

そう考えるならば、いわゆる本能段階(訳注39)へのどのような固着も、何よりもまず、歴史のスティグマだというべきである。それは、人が忘れてしまったり取り消してしまった恥辱の頁であり、また昔取った杵柄となったかつての栄光の頁である。しかし、忘れられたものは行為の中で再び呼び出され、取り消されたものはどこか他のところで言われることによって帳尻が合い、そしてまた、昔取った杵柄は、主体を囚われの身とする蜃気楼を、象徴のうちで永続させもする。

約言すれば、本能の諸段階は、それらが生きられたその時に、既に主体性へと組織化されている。子どもは、総排泄孔のような彼の諸体孔の想像界での性愛化を享受しながら、自分の諸括約筋の教練の武勲詩を、勝利や敗北として登録する。すなわち、糞尿の噴射を攻撃に、貯留を誘惑に、排出を象徴に変えながら。精神分析家はこういったことを理解しようとして、ここから彼の言うところの前性器的な愛の諸形式を再建してみようとするけれども、はっきり言ってしまえば、この子どもの主体性は、こういう言い方をしている精神分析家自身の主体性と、根本的に異なるところはないのである。

言い換えるならば、肛門期という段階は、それが生きられているときにもう既に、振り返って考えられたときに劣らず、純粋に歴史的であり、かつ、間主体性のうちで基礎づけられている。これに反して、肛門期をいわゆる本能成熟の一段階であると公認したことによって、最上の精神の持ち主でさえ、動物の系統発生の中での回虫とかクラゲとかの位階が個体発生において再生産されたものが肛門期だなどという迷妄へと、一直線に導かれてしまっている。このような思弁は、バリント(訳注40)のような筆達者にかかると、なかなかもっともらしく聞こえたりもするが、およそ首尾一貫しないさまざまな夢想にまで進むことになる。さらに、原生生物の中に、女性の性においての、身体の中へと押し込まれるという想像上の恐怖を求めようとするにいたっては、これはもう、荒唐無稽の域に達している。ここまで言うのならば、どうせなら、海老は脱皮を行うごとに新しい殻を見つけだすのだから、これは自我のやり方と同じで、海老の中にこそ自我の心像《イマージュ》を見つけ出すべきだと、どうしておっしゃらないのだろうか。

一九一〇年から二〇年の頃にかけて、ヤヴォルスキという人が、「生物学的平面」が文化のすみずみにまで行き渡っているような、なかなか結構な体系を作り出した。それによると、私の記憶違いでなければ、甲殻類の歴史的相棒は、どちらにも甲冑が華々しく登場するから、中世晩期だというのである。その調子で彼は、およそ動物と名の付く物ならば、軟体動物や南京虫さえも例外とはせず、必ず人間の中にその相棒を探し出してやっている。

アナロジーは隠喩ではない。そして自然哲学者(訳注41)たちがアナロジーに依拠するときには、決まってゲーテの天才にその根拠を求めたがるものであるが、ゲーテという範例でさえ、さして元気づけてくれるものではない。こういった依拠以上に、我々の学問の精神にそぐわないものはない。フロイトが夢の解釈へと独自の道を拓き、それを以て分析的象徴作用論《サンボリズム》(訳注42)へと辿り着いたのも、そこから周到に身を遠ざけることによってであった。ここで言っておかなければならないが、分析的象徴作用論とアナロジー的思考とは、厳密に背馳しあうものなのである。たとえ我々精神分析家の中にさえ、いかがわしい伝統があって、この分析的象徴作用論をアナロジー的思考に結びつけてしまう人たちが後を断たないとはいえ。

それだから、行き過ぎが馬鹿馬鹿しさの域にまで達したら、今度はよく目を見開いて、理論の不条理性を見つめ直してみる機会として、その行き過ぎを活用していただこう。そうすれば、そもそもその理論は、理論とは言えないような危なっかしさの集まりであったことが見えてくることだろう。

この本能成熟の神話学は、フロイトの著作から寄せ集めた断片で組み上げられてはいるが、実際、諸々の魂の問題を作り出している。そこから霧が立ち昇り、それらは圧縮されて雲を摑むような理想となり、慈雨が滴って、元の神話を潤し育てる。すなわち、例の神秘的な性器愛（*genital love*）の要求に叶うような方程式を提出するにあたって、最も筆の立つ人たちが、その筆の先から懸命にインクを滴らせるのである（奇態な概念は、借り物言葉の括弧でくくっておき、自分の試みには、証拠不十分（*non liquet*）という印をかぶせておかれる）。ところが誰もそこから生じる居心地の悪さを気にも留めないらしく、それどころか人々は、その居心地の悪さをばねにして、精神分析的規範化を宗旨とするミュンヒハウゼンたちに、さらにがんばって自分の髪の毛を引っ張って、性器的対象あるいは端的に対象の十全に実現されたる天国へと到達するように、檄をとばしておられるようである。(訳注43)

たしかに我々精神分析家は、言葉《モ》の力というものをよく認識できる立場にあるが、だからといってそれは、その力を曰く言い難いもののように祭り上げればいいという理由にはならないし、ましてやそれが、マタイ伝の中でのキリストのパリサイ人への呪いにあるように、「重い荷物をくくって人々の肩にのせる」ことになってしまっては何にもならない。(訳注44)

かつては、「自然」と「恩寵」をめぐって、古くからの論争があり、その論争を、その混乱に至るまで構造化していた諸々の用語があった。厳密な精神の持ち主が、精神分析家たちが主体の問題を扱う際の用語を、少しでもこれらの昔からの用語に引き較べてみたとすれば、精神分析家たちの用語はいかにも貧しく映るだろう。*12 そして彼らは、そのような貧しい用語を用いて、心理学的・社会学的に、いったいどれほどの質の成果が期待できるのかと、あやぶむことであろう。このような危惧からすれば、ロゴス（*logos*）の役割をもっと大切にすることによって、精神分析界の空想的カリスマたちのまき散らす神秘を雲散霧消させることが、願われるところとなるであろう。

もっと平明な伝統を持ち出しておくのもよかろう。我々は、あのラ・ロシュフコーが述べている、「もしも恋のことが人々の間で話されるのを耳にしなかったら、一生恋などはしなかったであろうような人々がいる」(訳注45)という有名な箴言を知っている。全く想像的な次元で愛が「実現」するという、ロマン的な意味においてではない。そうした「実現」にとっては、この箴言は、冷や水を浴びせるようなものだろう。しかし我々は、この箴言を、愛がいかに多くを象徴に負っているかについての、また、話すということによって愛という名で運ばれているものについての、正当な認識として、理解することができるだろう。

いずれにしても、フロイトが本能理論をばどれほど二次的で仮定的な位階に位置づけているかを見るためには、フロイトの著作に当たってみるだけでよい。本能理論を一貫して維持しようと思っても、個々の生活史的事実のどんな小さな一つを持ち出してさえ、そのような一貫性はたちまち崩されてしまうというのが彼の見方であって、狼男の症例を要約するときに彼が持ち出している性器的ナルシシズムという表現をみれば、いわゆるリビード発達のきちんとした順序といったような考えを、彼が内心ではさして重要視していなかったということがすぐにわかろう。(訳注46)のみならず、彼は本能の葛藤ということを一応検討はしてみるけれども、結局すぐにそれをうっちゃって、主体の自己確言としての「私は去勢されていない」という象徴的分離においてこそ、強迫神経症の形式を認識したのである。(訳注47)主体の異性愛的な選択は、この強迫神経症的形式の上につなぎとめられている。主体は、原場面の想像的マトリックスの方へと引き連れられていった自我が蒙っている、同性愛的な囚われの効果に抗して、このような形で何とかして異性愛的選択にしがみつきえているのである。こういった状態が、真に主体の葛藤と言えるのであって、そこで問題になっているのは、まさに主体性の浮沈を決する山場と言うべきものであり、かくして、宗教的なお仕込みと、教導的な啓蒙（*Aufklärung*）との間の揺れ動きに従って、「私（je）」が「自我（moi）」に対して勝ったり負けたりしていたのである。この葛藤から来る影響について、フロイトは、分析家としてまず

＊12　キリスト教の難問へのこの参照は、この難問がジャンセニズムという頂点を迎えた時点における、より厳密な参照、すなわち、パスカルその人への参照を、意図するものであった。いまだに真新しい彼の賭けは、我々がその賭けをすべてはじめからやり直すよう我々を促した(訳注48)。そして我々は、分析家にとってこの賭けがどれほど計り知れないものを含んでいるのかに、思い至ることになった。——現在（一九六六年六月）に至っても、まだ汲み尽くされていない。

主体にそれを現実化することを求め、ついで、我々に、エディプス・コンプレクスの弁証法を用いてそれを説明したのである。(訳注49)

このような症例の分析を通して、我々は、完全なる愛というものの実現が、自然ではなく恩寵の果実であるということをよく見ることができる。すなわち、完全なる愛は間主体的な和合の果実であって、この和合は、自らを支えている引き裂かれた自然の上に、己れの調和を押しつけているのである。

46

しかしそろそろこの辺で、しびれを切らしてこう叫ぶ聴衆がいるかも知れない、黙って聞いてりゃ主体、主体ともう耳にたこができちまったぜ、ドゥ・ラ・パリスというお方が、個人が経験するものを全部ひっくるめて主体的なものと言うのだと、とうの昔に仰せなすったのを知らねえのか(訳注50)、と。

――私が死ぬまでは生きていたと言って、今際の際には私を讃辞で包んでくださるであろうその素朴なるお口よ、耳で聞いてもわからないなら、せめて今しばらくあんぐり開いたままでいてくれたまえ。目を閉じてくださるには及ばない。主体は、個人が「主体的に」経験している事柄のはるか彼方にまで出かけていく。ちょうど彼が到達しうる真理と同じ所までだ。その真理は、あなたが今しがたまた閉じてしまったその口から、やがてははみ出して来ることだろう。いかにも、主体の歴史の真理は、すべてが彼の台本の中に書かれているわけではない。しかしそれでもその真理の場所は印づけられている。自分は返し台詞をするよりほかのことは識らないということから主体が経験する痛々しい衝撃の場所や、ほとんど何の慰めにもならないほどに入り乱れた頁が、その場所だ。

主体の無意識は他者の語らいである(訳注51)、そのことはフロイトの研究のあらゆるところにも増して、なかんずく、分析経験の文脈の中に、彼がテレパシーと呼んだものが現れてきたときに彼が取り組んだ研究において、鮮明に示されている。(訳注52) 彼がテレパシーと言うのは、主体の陳述と、主体が知ることができないはずの事実との一致のことである。とはいえそういった事実は常に、精神分析家が対話者《アンテルロキュテール》となっている何らかの別の経験との関連の中で動いているものであるが。もっとも多いのは、全く言葉の上での、ないしは同音異義的なつながりによって、こういった一致ができ上がっている場合であろう。また、その一致が行為を含む場合としては、分析家の患者が、行為化 (*acting out*) してしまったり、また、被分析者の子どももやはり分析を受けていて、その子どもが行為化してしまったりするようなことがある。(訳注53) これらの事例は、通底し合う語らいの網における共鳴であり、それらを徹底的に研究すれば、実際生活における類同的な事実の解明にもつながるかも知れない。

人間の語らいには遍在性《オムニプレザンス》があるけれども、それは、その語らいのテクストが何処から何処へでも相互伝達《オムニコミュニ》可能《カシオン》であることによる、ということが、白日のもとに見通される日がやがて来るのかも知れない。だからと言って、その語らいが今よりも和合に満ちたものになるだろうというわけではないが。このような遍在的な語らいの場をこそ、我々の分析経験は、ある一つの関係において極性化させているのであり、その関係が二人の人間の関係であるように見えるのは、見かけだけのことである。というのは、単に双数的なかたちでこの経験の構造を措定することは理論において不適切であるばかりでなく、その技法をも台なしにしてしまうからである。

II　精神分析の領野の構造と境界としての、象徴と言語活動

Τὴν ἀρχὴν ὅ τι καὶ λαλῶ ὑμῖν.（それは初めから話しているではないか［新共同訳］、わたしがどういう者であるかは、初めからあなたがたに言っているではないか［ギデオン協会訳］）（聖ヨハネによる福音書八章二五節[訳注1]）。

クロスワードパズルをしなさい（ある若い精神分析家への忠言）。

我々の話題の糸をもう一度取り上げるために、繰り返しになるが次のことを述べておこう。精神分析は個別の主体の歴史を縮約することによって諸々の関係的なゲシュタルト（*Gestalt*）に到達し、ある種の規則的な発達図式へとそれを外挿した。しかし発生心理学や差異心理学[訳注2]が、そのことによって幾分かの解明を得るところがありこそすれ、それらの心理学が精神分析の源になっているわけではない。なぜならそれらの心理学も精神分析も同じように観察《オプセルヴァシオン》や経験《エクスペリアンス》という条件を要求するが、両者の要求するものの間には、ただ言葉が同じであるという以上の関係は何もないからである。

もう一歩踏み込んでみよう。ありきたりの経験（感じられる経験とそれを一緒くたにしてしまうのは、観念の専門家くらいのものだろうが）から立ち昇ってくる、いわば生のままの状態の心理学のようなものがあるとすれば、それはたとえば、日々の気遣いがふと途切れたときに、人と人とがレオナルドとかゴヤとかのグロテスク画[訳注3]を凌

ぐような不釣り合いでもってつがいになっているのに驚くことであったり、あるいは、手のひらが、ふと人の肌に触れたときに、その発見が欲望によっていまだに曇らされぬうちに、人間の皮膚に特有の厚みを感じて驚くことであったりするだろう。そして、そうしたふとした気まぐれに心を開かず、そうした神秘にも動かされないような経験の中では、この心理学のようなものは捨てられてしまう、そのように人は言うかもしれない。

精神分析は、患者が自分固有のものとして保持していることがら、つまり衝撃や色彩への感受性、ものごとの把握の速さ、肉体の弱点、学び取ったり発明したりする力、ないしは彼の趣味生活を、ほんのわずかしか我々に明かさないままに、終わりを迎えることがあっても、それは普通である。

この逆説は見かけのものに過ぎず、分析に携わる人の個人的な欠陥によるものではない。この逆説の原因は、分析経験というものの消極的な諸条件にあるのだということは、おそらく認めてもらえるだろう。ただそうは言っても、では分析経験にはどんな積極的な面があるのかということを、この逆説は我々にさらに問いかけずにはおかない。

現実的なもの（réel）があまりにお好みだったために木に抱きつくに至るとプラトンにからかわれたあの哲学者たちにも似て（訳注4）、あの逃げ去りがちな現実が姿を垣間見せているあらゆるエピソードを以て、自分好みの生きられた反応だと受け取りたがるああいった人々のがんばりが一方にあるけれども、この逆説は、そんながんばりで解消される底のものではないのである。そもそも、こういった人々は、我々の規則の中に書き込まれている「接触禁止」に対して一種強迫的なやり方で反応を起こし、言語活動の彼方にあるものこそが目的なのだと決めてかかっているのである。こういう道を押し進めてゆけば、転移反応の究極のありようが、互いに臭いを嗅ぎ合うというところに至るのは無理からぬことである。誇張して言っているのではない。現に研修中のある若い精神分析家が、むなしく過ぎた二、三年の精神分析ののちに、とうとう患者が分析家の臭いをそんなふうに嗅ぎつけたということを以て、待ち望んだ対象関係が到来したと考え、そしてこのことによって、我々の賛同による入会資格(*dignus est intrare*)(訳注5)、つまり彼の能力の保証を取り付けた、ということが最近にもあったのだから。

仮にも精神分析が一つの科学になりうるとすれば、——それはまだなっていないからだが——、そしてその技法において変質してはならないとすれば、——おそらく既に変質が起こっているだろうが——、我々は分析という経験の意味から発見し直さねばならない。

そのためには、フロイトの著作に立ち戻るよりも良い方法はあるまい。自分はフロイトⅡは理解しているというつもりになってフロイトⅡを盾にとってフロイトⅢを拒否し、フロイトⅢなんかわからなくても自分は臨床の技術者だからそれでいいのだと開き直っているようではことは済まないのだし、また、フロイトの五大精神分析(訳注6)はその選び方も呈示の仕方も悪い症例集であるというようなことを言う人に対して、その人がフロイトⅠを知らないからそんなことを言うのも仕方がない、と言って済ませてあげるわけにもいかない、たとえその人が、それらの分析に蔵されている真理の種子がそんな災厄を通ってでも生き延びていることに、もっともながら驚いたとしてもである。*1

そういうわけで、フロイトの著作を再び取り上げるなら、やはり『夢解釈』(*Traumdeutung*)からということにしたい。そして思い出してみよう。夢は、一つの文の構造を、あるいは、この著作の言葉づかいの通りに受け取るなら、むしろ判じ絵の構造を持っている、ということを(訳注7)。言い換えれば、夢は一つの書字構造であり、その原初的な表意的表記は、子どもの夢に現れている。またこの書字構造は、大人の夢の場合には、同時に音韻的でありまた象徴的でもあるような、シニフィアン要素の使用法を再現しているのだが、実はその使用法は、古代エジプトのヒエログリフや、中国で今なお使われている漢字に見られるものである。

しかしこれらはまだ、夢が用いている道具の謎を解いたということにすぎない。夢は原典《テクスト》に対する異本をなすのであり、重要なことはむしろここから始まるのである。フロイトは、その重要なことは夢による加工の中に、すなわち夢の修辞法の中にある、と述べている。省略法と冗語法、転置法と兼用法、(訳注8)逆行体、(訳注9)反復、同格、これらのものが統辞論的遷移であり、隠喩、(訳注10)濫喩、(訳注11)換称、寓意、換喩と提喩、(訳注12)こういったものは意味論的縮合であり、それらの中に、フロイトは誇示的または証示的な、隠蔽的または説得的な、反抗的または誘惑的な諸々の意図を読みとるようにと、我々に教えているのである。主体は、それらの意図を以て、夢中の語らいに加工調節をほどこしているのである。

たしかに、フロイトが提出した規則は、ある一つの欲望の表現を、夢の中に常に探し求めねばならないということであった。しかし、その意味をよく理解しよう。フロイトのある患者は、フロイトのこの命題が当てはまらないように見えるある夢を見た。フロイトは、この夢の動機は、患者をその命題で説得しようとするフロイトに反論したいという、患者の欲望そのものであるとした。*2 こうしてフロイトの法則は、そこまで歩を進めたからには、他者（autrui）から、彼自身のところに帰ってくることになったのである。だとすれば、フロイト自身にとっても、同じ動機があるのだということを、どうしてフロイトが認めないということがありえようか？

はっきり言って、これ以外の他のどこにも、人間の欲望は己の意味を他者（autre）の欲望の中に見出すということがこれ以上に明確に現れているところはない。それは、欲望された対象への鍵を他者（autre）が保有してい

＊1　このときの討論に最も深く関わった精神分析家の一人の口から出た談話（一九六六年）。

＊2　Gegenwunschträume（反欲望夢）を参照のこと。*Traumdeutung, G.W.,* II,pp.156-157 およびpp.163-164、英訳 *SE* IV,p.151 およびpp.157-158、仏訳 Alcan, p.140 et p.146.（訳注13）

るからではなくて、他者によって認知されるということこそ、人間の欲望の最初の対象であるからだ。

分析が転移という道に入るや否や、患者の夢の一つ一つが、分析中の語らいに関係した、挑発や、仮面をかぶった告白や、あるいははぐらかしとして解釈できるものになる。――むしろそれが、分析が転移に入ったということの指標にもなる。――そして分析が進行するに従って、それらの夢は、分析の中で実現されつつある対話の諸要素の関数へとますます帰着させられるようになる。こういったことを、経験から知らないような者が、我々分析家の間にいるだろうか？

次に、フロイトが別の著作を捧げた、日常生活の精神病理学というもう一つの分野をとってみても、そこで明らかにされているのは、あらゆる失錯行為が、成功した、あるいは見事にひねりの効いた語らいになっているということである。そして、言い間違いにおいては、聞く耳を持った人にその呼びかけが届くためには、話の上に噛ませられている猿ぐつわを、四分の一周ひねり直してみればいい。

しかし、この本をまっすぐに読み進めていけば、偶然の一致とそれが生みだす信心とが扱われている箇所へと、我々は導かれる。特に、ある数字が、動機のないはずの選択にまかされていたり、行き当たりばったりに選ばれているように見えても、そこには実は、その数字に対する主体の連想が有効に働いているのだということを論証すべく、いくつかの事実が熱心に記述されている。このような論証が成功した場合以上に、精神分析の領野の支配的構造が見事に姿を現すところはない。そしてフロイトは、知られざる知的な機構についてさえ言及している。(訳注14) ただしそれは、象徴たちに向けられた彼の全幅の信頼が、あらゆる限度を越えて満たされたがためにかえってぐらついてしまったことに対する、フロイトの苦渋の言い訳以上のものではないのである。

フロイトにとって、ある症状が精神分析的な精神病理学の中で論じられるものになるためには、それが神経症的なものであろうとなかろうと、その中に重層決定の最小単位を認めうることが必要になる。ある葛藤が既に死んだものであっても、その葛藤の象徴は、もとの場を越えて、現在の葛藤の中でまで、機能を果たす。その現在の葛藤は、その象徴に劣らず象徴的となる。このいわば二重意味によって、症状の重層決定の最小単位は構成されている。またフロイトは、我々に、患者の自由連想の織物《テクスト》の中で、この象徴界の分岐しつつ増殖する流れを辿ってゆくように教え、その際に、さまざまな言葉遣いが再び交差し合うところでこの流れの構造の結び目を見つけだすようにと、教えてもいる。だとすれば、症状は、それ自体一つの言語活動として構造化されており、しかも、そこから話が引き出されてこなければならない言語活動なのであるということ、またそれゆえ、症状はまるごと言語活動の分析のうちに解消されるということが、既に十分明らかにされていると言ってよいだろう。

この言語活動の本質についてまだよく考えを深めていない人にとっては、先ほどの数字についての連想の経験が、ここで是非把握しなければならないことが何であるかを一挙に教えてくれるものとなるだろう。それはすなわち、多義語の生成を按配している順列組み合わせの力であり、そこにこそ、無意識の固有の管轄域を認知すべきなのである。

実際、何かある数を選び、その数における数字の並びをどこかで切ることによって得られる数とか、それらの数字をあらゆる四則演算で組み合わせてみることによって得られる数とか、あるいは、もとの数を、その一部からなる数によってくり返し割ってゆくことによって得られる数とか、こういった結果出てくる数が、もしも主体の固有の歴史上の事柄を、ことさらに象徴しているようなものであることがはっきりしてくるならば[*3]、それは、それらの数が、それらが取ってこられた最初の数の選択の中に、既に潜在していたということなのである。だとすれば、たとえここで、これらの数字こそが既に主体の運命を決定していたのだという考えを迷信として退けることにするとしても、どうしても次のことを認めざるをえないことになるだろう。すなわち、それらの数字の順列組み合わせというものが存在するという次元の中にこそ、言い換えれば、数字が表している綾成す言語活動の中にこそ、分析によって主体に向かって、これがあなたの無意識だと示されるもののすべてが宿っているということをである。(訳注15)

やがて見るように、文献学者や民族誌学者は、彼らが関わっている完全に無意識的な体系の中で判明してくる、順列組み合わせの働きの正確さについて、我々に十分多くのことを明らかにしてくれる。彼らにとっては、今ここで提出された命題は、何も驚くにはあたらないほどである。

しかし、それでもなお我々の言い分はいかがなものかとお思いの方があるようなら、我々はここで、無意識を発見し、無意識の位置を指し示すのにふさわしくないはずはない人にすがって、もう一度証言をお願いすることにしてもよい。彼は必ずや言うべきことを言ってくれるであろう。

それというのも、いかに我々の興味から外されてしまっている——それなりの原因もあってのことだが——とはいえ、『機知と無意識』(訳注16)は最も透徹しているがゆえに最も異論の余地なき作品であり、そこでは無意識のもたらす効果が、その繊細さの極みに至るまで、提示され尽くしているからである。そこで我々が目にするのは、言語活動が機知に与えた、両義性において働くというその相貌であって、そこでは、言語活動がその王権を振るいつつあるまさにその裏側に、言語活動自身の領域を一瞬にして崩壊せしめるような「切っ先《ポワント》」が秘せられているのである。実際その切っ先《ポワント》は、言語の創造的活動がその絶対的な無動機性をあらわにする一言《ポワント》であって、そこでは、言語活動の現実界への支配は、無意味に飲み込まれそうになりつつも自らをかろうじて表出し、また、そこでユーモアは、最後の言葉《モ》を言わぬ真理を、自由な機知の精霊《エスプリ》からの意地悪なお恵みという形で、象徴化してみせるのである。(訳注17)

この本を紐解くことは、回り道のようであるが、それはどうしても通らずにはおられない回り道であって、そこではフロイトが最も辛口の愛の話を集めて、えり抜きの庭園散歩へと、我々を誘ってくれているのだ。

そこではあらゆるものに実質があり、あらゆるものが真珠である。創造の中に亡命者として生きている機知の精霊は、創造の縁の下の力持ちというべき存在であるのだが、自分こそが、創造を無に帰せしめることもできる主なのだということを示してやまないのである。その隠された王国に住む機知の精霊の中には、横柄な者もいれば不実な者もおり、ダンディであったかと思うと甚六であったりもするのだが、たとえその姿がどんなにこの世から疎んじられていても、フロイトの手にかかればその秘められた輝きを解き放たれない者はいないのである。エモラヴィアのユダヤ人社会を駆けめぐる結婚仲介人のいくつかの小咄を見るといい。それらの仲介人たちは、エロス神のおとしめられた姿であり、エロス神としてやはり欠乏と苦しみとから生まれた者であるのだが(訳注18)、不作法者の貪欲に、まず控えめにお仕えしておいて、突如としてはっとさせるような無意味の答えを返して彼を愚弄してやるのである。フロイトはこう言っている。「さっさと真実の最後の部分をぶちまけ、偽装の重荷をやっとのことで投げ出すことができて、この男は何と幸せであったことだろう!(訳注19)」。

結婚仲介人の口を借りて素顔を見せたのは、いかにも真理そのものである。しかし真理が現れたところで、機知は、もっとごまかす力の強い仮面を身につけるだけのことである。すなわち、策略でしかない洗練、おとりで

*3 (53頁) これらの数字についての手順の成果を味わってみるためには、この当時以来我々がエミール・ボレル(訳注20)の偶然についての本の中に見つけて、皆に広めてきた注記に、よく目を通さなければならない。その注記は、何であれ与えられた数字からこのやり方で得られる「驚くべき」ことどもが、実際はよくあることだということについて書かれたものである(一九六六年)。

しかない論理、目くらましにしかならない滑稽など。こうして機知の精霊はいつもどこか別のところにいる。「機知には、こうした主観的制約性が厳然としてある。……私が機知として認めるもののみが機知である。(訳注21)」こう述べるフロイトは、さすが自分が何を言っているかがわかっている。

個人の意図が、主体の掘り出し物によって、これほど見事に出し抜かれてしまうところは、他のどこにもありはしない。——個人と主体との間に我々が設けている区別がここほどよく感じ取れるところもない。——それというのも、私が何か掘り出し物をしたときに私がそこに快を感じるためには、それが私にとってもともと見知らぬものであったのでなくてはならないばかりか、それが効果を持つためには、見つけた後も幾分かは見知らぬものでありつづけなければならないからである。このことは、フロイトが正しく印づけているように、聞いている第三者が常に想定されていることとの必然性によって、また、機知の言葉は間接話法で伝達されてもその力を失わないという事実によって、その処を得る。手短かに言えば、こうして指し示されるのは、二方面から受信する能力を持った大文字の他者の場であり、至高の快活さのうちにはじけ飛ぶ言葉《モ》の仕掛けが、その他者の場を照らし出しているのである。

機知《エスプリ》の精霊が地に堕ちてしまう理由が一つだけある。それは、真理といえども、説明されるとそれは凡庸に堕するということである。

そしてこのことは我々の問題に直接関係してくる。象徴たちの言語《ラング》の研究への昨今の軽視は、一九二〇年代の前後の我々の分析関係の出版物の目次をざっと見ただけでも一目瞭然であるが、これは我々の精神分析という学問にとって、対象の変更以外の何物でもない。すなわち、治療技法の新しい目的はここにこそあるのだと提唱する者たちにそそのかされて、精神分析は、相互伝達《コミユニカシオン》という平々凡々たる水準に自らを引き下げてしまったのである。こんな傾向のもとで仕事をしたのでは、いくら頭の良い人がやったとしても、いささか情けない結果が出ているのは致し方なかろう。[*4]

いったい、話が、その話自身の意味を、つまりオックスフォードの論理実証主義に倣ってより適切に言うならば意味の意味を（訳注22）、消尽するということがあるのだろうか。――そうしようと思えば、話は、話を生み出した当の行為《アクト》をも、消尽するまでに到るしかないのではないか。こうして、起源における話の現前のゲーテ的転回「はじめに業《アクシオン》（訳注23）ありき」は、再び転回させられてしまうこととなる。すなわち、はじめにあったのはやはり言葉《ヴェルブ》なのである。そして我々は言葉《ヴェルブ》の創造のうちに生きている。しかし、その創造を続け絶えず新たにしてゆくのは、我々の機知《エスプリ》の精霊の行動《アクシオン》なのである。我々はこの行動《アクシオン》を再び問題にしてみようとしても、その行動《アクシオン》自体によって、さらに前へと押し返されながらそうするしかないのである。

機知《エスプリ》の精霊の行動《アクシオン》のこうした道筋を知りつつも、我々は、自分でもこうした立ち戻りを試みてみよう……。

なんぴとも法を知らないとはみなされない、という成句は、かの「法典《コード・ドゥ・ジュスティス》」からユーモアでもって引き写されたものであるけれども、それでもやはり、我々の経験がその上に立っている真理、そして我々の経験が確認することになる真理を、表現してもいる。実際、人間の法とはすなわち言語活動の法なのだから、なんぴともこの法を知らないはずはない。言語活動が人間の法になったのは、はじめての贈与を、はじめての感謝の言葉《モ》が統轄して以来のことである。人間が実のない贈与を伴った偽りの言葉《モ》というものを怖れるようになるには、海か

＊4　C.I.Oberndorf「精神分析治療の不満足な成果について」*Psychoanalytic Quarterly* 19, pp. 393-407. 参照。

らやって来てまた去っていったおぞましきダナオイ(訳注24)の出現を待たねばならなかったとしても。そのような時が来るまでは、一種の象徴的交易《コメルス・サンボリック》という結び目によって、共同体としての島々をつなぎ合わせていた太平洋のアルゴ船員(訳注25)たちにとっては、これらの贈与、あるいは贈与という行為と贈与物、贈与が記号《シーニュ》へと高められること、そしてそれらを作ることすらが、話すこと自体とないまぜになっているので、彼らはこれらの贈与のことを、そのまま話を意味する名称で呼んでいるほどである。*5

法とともに言語活動が始まったのは、このような贈与物によってであるのか、もしくは、その贈与物に佳き無意味を与える合言葉によってであるのか。というのも、そもそも象徴が契約を意味している(訳注26)という意味において、また、これらの贈与物が、まずはシニフィアンとなって、契約をシニフィエとして打ち立てるという意味において、これらの贈与物は既に象徴だからである。このことは、次のことを見ればよくわかるだろう。象徴的交換の諸対象、すなわち空になるように出来ている甕とか、重くて持ち運べない楯とか、干からびてしまう麦束とか、地面に突き刺さったままの剣とかは、広くゆき渡っていることからみて余計なものではないにしても、本来の用途には使いようがないようになっている。

このような、シニフィアンによる中立化(訳注27)、これは、言語活動の本質の全てなのだろうか。そうだとしてみるならば、人は、たとえば誇示行動(訳注28)中のアジサシたちの中に、言語活動の端緒を発見し、アジサシたちが嘴から嘴へと受け渡している魚が、その本質を具体化しているかのように思うだろう。動物行動学者が、アジサシの群れが一斉に活発に動き出す行動を祭と等価のものだと考え、そのアジサシの祭に、その魚が道具として使われたのだとどうしても見なしたいならば、そこに一つの象徴を認めることについて、その動物行動学者の考えは、全く正当化されもしよう。

これでおわかりのように、我々は人間の領域の外側に象徴的行動の起源を求めることを、怖れるわけではない。しかし我々はそういった探究を、ジュール・H・マッサーマン氏*6がその他多くの人たちに続いてとったような仕方で、いわば記号《シーニュ》の細工《エラボラション》のような道を通ってやってゆくつもりは毛頭ない。けれども、彼のそのやり方を少し見ておくのも悪くないだろう。というのも、彼の論は、なかなか抜け目なく進められているばかりではなく、分析の公的機関誌の編集者諸君の間で、なかなか受けがよかったのだから。(訳注29) なにしろ、彼らときたら、就職斡旋所にならった伝統にしたがって、我々の学問である精神分析に「結構な身元引受人」を提供してくれそうなものになら、何にでも飛びつくのである。

　だから考えてみていただきたい。ある人物が、お・実・験によって神経症を作り出そうとして、犬に綱をつけてテーブルに連れてきた。そこで知恵の働かせどころというわけだ。まずはベルの音、次に、ベルの音に告げられて出てくる肉の皿、やがて、肉の皿かと思いきや出てくるのはりんごの皿、といったような具合にやるのだが、まあこのへんにしておこう。こういう御仁は、言語活動という問題に、彼の言うところの「壮大な堂々巡り思考」(訳注30)をいやというほど捧げてきた哲学者たちとは違い、少なくとも彼自らがおっしゃるところでは、そんな思考にとらわれたりはなさらないであろう。それどころか、彼はいきなり、ほらこれが言語活動なんだぞと、それを摑んであなたの喉元に突きつけてくれようというわけだ。

　こうして、正当な条件づけを施されたアライグマが、自分が食べるべき料理を書いたメニューを示されて、自分で食料戸棚に出かけてゆくところを、想像していただきたい。そのメニューに値段が書いてあったかどうかま

*5　とりわけ、モーリス・レーナルト（Maurice Leenhardt）の『ド・カモ（*Do Kamo*）』九、十章を参照のこと（訳注31）。

*6　Jules H.Massermann「言語、行動、そして力動精神医学」*International Journal of Psycho-Analysis.* 1 & 2, pp.1-8, 1944.

60

では定かではないが、論文は続けてこう付け加える。すなわち、ちょっとでも期待通りの料理が出てこないと、アライグマは戻ってきて羊頭狗肉のそのメニューを破いてしまうだろうし、それはちょうど、不実な恋人からの手紙をずっと大事にしてきた乙女が、とうとう傷心のあまりその恋文を破いているかのような風情（原文のママ）だというのである。(訳注32)

こういうのが、この著者が信号と象徴との間に道をつけるために架けた橋の一つである。その道は両側通行になっていて、戻り方向も、行きに劣らぬ匠の技を見せつけている。

人間において、ベルの音と一緒に強い光を目に当てて、両者を連合させ、今度はこのベルの音と一緒に、収縮せよ《コントラクテ》（英語で「収縮せよ《コントラクト》」）という命令を出しておくとすれば、この被験者は、この命令を自分で発音してみたり、次につぶやいてみたり、やがてはそれを頭で考えたりしただけでも、自分の瞳孔を収縮させることができるようになる、という結果が得られるだろう。すなわち、ふつうは意図的な効果には接近不能とされているがゆえに自律神経系と呼ばれている反応を、引き起こすことができるわけだ。先の著者の言を信じるとすれば、「ハジンズ氏は(訳注33)、一群の人々において、「収縮せよ《コントラクト》」という観念—象徴（*idea-symbol*）に対する、共通の内臓的反応の、高度に個体化された布置を、創成することに成功したことになる。この応答は、明らかに個人の経験を通じて遠い過去の源泉と関係づけることができるが、実のところ、それは基本的に生理学的なものである。つまりそれは、過剰な明るい光からの網膜の保護である。」そして著者はこう結論する。「このような実験が心身医学的ならびに言語学的研究に対して持つ意義は、ことさら詳論するまでもない。(訳注34)」

しかし私としては、このように訓練された被験者が、たとえば「結婚契約《マリッジ・コントラクト》」とかコントラクト・ブリッジとか「契約破棄《ブリーチ・オヴ・コントラクト》」とかの言い回しの中にある同じ語にも反応するのかどうか、さらには、contract《コントラクト》という語を、contrac《コントラク》、contra《コントラ》、contr《コントル》……というふうに第一音綴にまで縮めていって、この音綴の発音に対してどうなのかということも、お教えいただきたいものだと思う。それに、ジュール・H・マッサーマン氏が言っているような問題について厳密な科学的方法をとって何か言おうと思えば、次のような対照試験（contre-épreuve《コントル・エプルーヴ》）だって当然要求されてしかるべきであろう。つまり、強い光を目に入れる云々の条件以外には過去の生活からの条件づけなどは全然受けていないはずのフランス人読者に、この音綴を歯の間でつぶやいてもらうのである。そのうえでマッサーマン氏に、条件づけを受けた被験者に見られた効果が、果たして彼の言うほど簡単に、詳論なしで済ませられるものに見えるかどうか、たずねてみたいものである。まず、これらの効果が生じないとすれば、そうした効果は、まさに条件づけという意味では意義素《セマンテーム》に依存していないことになる。また、これらの効果が生じ続けるとしたら、意義素の限界の問題が提起されることになる。(訳注35)

　言い換えれば、それらの結果は、この著者が観念—象徴という用語によって勇み足で混同してしまった、シニフィアンとシニフィエの区別を、まさに言葉《モ》という道具のうちに、現れさせることになるだろう。そして、収縮させてはいけない（*don't contract*）という命令、ないし収縮させる（*to contract*）という動詞のあらゆる活用に対する、条件づけられた被験者たちの反応を見てみるまでもなく、我々はあの著者に、次のように注意して差し上げることができる。何であれ、ある言語《ラング》の何らかの要素が、言語活動《ランガージュ》に属していると定義されるのは、その要素に相同的な諸要素が集まって構成されていると想定される総体の中において、その言語《ラング》のすべての使用者にとって、そのようなものとして識別されることによるのである。

　そこから次のことが帰結する。すなわち、言語活動に属しているその要素から生まれる個々の効果は、その要素と主体のあらゆる個別経験との間のどのような結びつきにも先立って、この総体の存在に結びついているのだということである。そして、その要素と主体の個別経験との結びつきを、この言語の総体の存在の外側で考察しようとすることは、単に、この要素には言語活動に固有の機能が無いと言っていることに等しいのである。

こういう原理を我々のこの著者にも思い起こしていただきたいものである。さもないと、彼のあの比類無い素朴さを以てすれば、自分が子どもの頃に倣った文法範疇に文字通りに対応するようなものを、現実の諸関係の中に発見なさらないとも限らないだろうから。

この素朴さの記念碑は、こういう問題を論じるときにはしばしば見られる種類のものであって、もし精神分析家によって建立されたものでないのなら、ここまで念入りに構ってあげるほどのものではなかったのであるが、いかんせん精神分析家から出たものなのである。いやむしろこういう人は、精神分析家というよりは、単に、精神分析のある種の傾向から出てきたものに持ち前の素朴さで便乗してしまう、というだけの人かもしれない。しかも、自我（*ego*）理論とか、抵抗分析技法とかの名を持ったこの傾向は、フロイトの経験に対してははっきりと反対側を向いているような代物だ。こうしてこの人は、言語活動について確かな考え方を持っているということとフロイトの経験をしっかり保持するということとは車の両輪のようなものだということを、反面教師として明らかにしてくれているのである。というのは、フロイトの発見とは、人間の本性《ナチュール》の中に、象徴的領界への人間の諸関係が及ぼしている影響という領野を見出したことであり、そしてその影響がやってきた方向を逆に辿って、存在の内なる象徴化の最も根源的な審級にまで遡行してゆくことなのである。そのことを無視するということは、フロイトの発見を忘却へと、その経験を廃墟へと追いやることに他ならない。

我々の現在の話題の真剣さからはずれているように見えるが決してそうではなくまじめな主張として、我々は次のことを提案しておきたい。あの著者によれば、フロイトの内気さが、分析家をカウチのうしろに追いやって肘掛け椅子の中に押し込めたのだそうだが、その分析家用の肘掛け椅子には、言語活動や話についてこんな講釈を垂れて下さるこの学者様よりは、先ほど登場したアライグマ君に坐っていてもらうほうがはるかに有難いということである。

なぜなら、アライグマ君は、ジャック・プレヴェール氏(訳注36)のおかげをもって（「岩ひとつ、家ふたつ、廃屋みっつ、墓掘り人四人、ひとつの庭、花々、アライグマ一匹」）、もはやゆるぎなく詩的動物誌の中への仲間入りを果たしており、こうしてその本質は立派に象徴としての機能を果たすようになっているのに、我々に外見こそ似てはいるが、体系的に象徴機能を無視するようにお説教してくるこのような存在は、象徴機能によって実存《エグジスタンス》へと召喚されうるどんなことがらからも、永遠に遠ざけられているのだから。とすると、この我々と似た存在が自然界の分類の中でどこに帰するのかという問いを立ててみても、その問いは的はずれな人間主義によるものだということが見えてくるだろう。ただしこの我々に似た存在の発する説教は、我々が守りつつある話の技法と交わっても、そこに不毛な怪物たちを産み落としてしまうので、大した繁殖力を持たないに違いないのだが。したがって、この存在が擬人主義という非難に対して果敢に立ち向かっておられるとしても(訳注37)、彼が自分の存在を以て万物の尺度としている事態を指して、擬人主義という言葉を我々が使うことは金輪際ないであろうと知っておいてもらいたい。

さきほど挙げた象徴的対象に立ち戻ってみよう。その対象は、たとえ使用という点では重みを失っているとしても、物質としての存在において確かな一貫性を有している。この対象の意味は測り難く、それはいくらかの重みの遷移を引き起こすことであろう。では、これが、既に法や言語活動なのであろうか。おそらくは、まだそうなってはいまい。

というのも、アジサシの棲息地にボスのようなものが現れて、他のアジサシたちの大きく開いた嘴から、象徴的な魚を飲み込んでしまい、かくして、ある日のこと空想してみて楽しかったのだが、アジサシによるアジサシの搾取のようなことが始まったとしても、だからといって、アジサシの間で、我々自身の物語でもあるあの素敵な物語、あの翼の生えた語り口が我々を虜にしたペンギン島(訳注38)のような物語が、そこで再生産されるには十分ではないし、ましてや「擬アジサシ化された」世界というようなものが作られるにはまだまだ何かが欠けている。

この欠けている「何か」こそが、象徴を象徴たらしめ、象徴から言語活動が生まれるようにするのである。使用から解放された象徴的対象が、ここに今（*hic et nunc*）から解放された言葉《モ》になるにあたっては、両者の差異は、言葉というものが物質性の面から見て音からできているという質を持っているというところにあるのではなくて、むしろ、消失するという、言葉ならではの在り方にあるのであって、そこにおいてこそ、象徴は、概念の永続性を見出すのである。

言葉は既に不在から作られた現前であり、不在はまさにその言葉によって、その始まりの瞬間において名指されることになる。その始まりの瞬間が絶えざる再創造にゆだねられる様子を、フロイトの天才は、子どもの遊びの中にとらえたのであった。現前と不在を変調して作られたあの一対(訳注39)、中国の占いの卦（*koua*）における砂の上の実線と破線の痕跡も充分にその一対を作っているのだが(訳注40)、この一対から、一つの言語による意味の宇宙が生まれ、やがてはその意味の宇宙の中に、物の宇宙が配列されるようになるのである。

一つの無の痕跡であることによってしか体を成さないもの、それゆえ決して変質することのないものを支えとしているもの、そうしたものによって、概念は、移ろいゆくものから持続を救い出して、物（la chose）を生み出す。

概念はまさに物である、と言うだけではまだ充分ではない、そのくらいのことなら、学校教育に反抗しながら、子どもでも証明できる。物たちの世界を創造するのは言葉たちの世界であり、物たちははじめは生成しつつある全体のここに今のうちで混然としている。言葉たちの世界は、物たちの本質に具体的な存在を与え、いつも変わりなく在るもの、つまり世々の遺産《クテーマ エス アエイ》に、（訳注41）どこにおいてもその場所を与えるのである。

だから人間は話す、けれども、それは象徴が人間を人間にしたからである。それまで他人であった者が、実際あふれるほどの贈り物によって知己として迎えられるとすれば、それは、共同体を構成している自然的諸集団の生活が、女性の交換が行われる向きを秩序づける婚姻規則と、婚姻が規定する相互的給付に、従属しているからである。これらはちょうど、シロンガ族のことわざが、縁組による親族は象の太股（訳注42）だと言うごとしてである。婚姻をつかさどっているのは一つの優先順位であって、この優先順位の法則は、親族関係の呼称を内包しており、ちょうど言語活動がそうであるように、この法則は、集団にとって、その諸形式において命令的でありながら、その構造においては無意識的である。さて、人類学者が気づいたように、構造の調和や行き詰まりが、女性の交換の制限や一般化を規制する。この構造のうちに、理論家は、順列組み合わせの論理がちゃんとあるのを見出して驚く。順列組み合わせの論理は、数の法則である。こうして起源における象徴作用には、数の法則、すなわち、最も純化された象徴の法則が内在している、ということが明らかになる。少なくとも、親族の基本構造と呼ばれる諸構造がさまざまに展開される際のその形式の豊かさを目にするならば、起源に数の法則が存在しているということが読み取れる。このことは我々に次のことを考えさせる。すなわち、いわゆる婚姻の複合構造（訳注43）の中には選択の自由があると信じて、その構造の法のもとで我々が生活を送れているとすれば、それは、数の法則が恒常的に存在し続けていることを、我々が知らないでいるからに過ぎないのであろうということである。もしも統計学が、この自由は偶然に行使されているものではないということを既に垣間見せてくれているとすれば、それは、何らかの主体の論理が、その自由をそういった結果へと方向づけているということなのである。

この点においてこそ、エディプス・コンプレクスは、我々の論議の中では、我々の学問が主体性というものに与えている限界を画するものであると言われるであろう。それというのも、エディプス・コンプレクスは、我々の経験の領野の全体を、その意味作用で以て覆っていることを、我々は常に認めるからである。言い換えれば、主体性とは、婚姻の複合構造の動きへの自らの無意識の関与を、主体がどこまで識りうるかの範囲を言うのである。主体がその関与を識るのは、普遍的共同体というものの到来以来ずっと消えることのなかった、インセストをかすめて通るような運動の生み出す象徴的効果を、自らの個別的実存において確認することによってである。

初源的な大文字の法とは、それゆえ、婚姻をうまく按配することによって、交配の法則に委ねられた自然の王国の上に、文化の王国を重ね合わせるような法である。インセストの禁忌は、この初源的な法の、まさに主体に仕込まれた軸である。この軸は、主体の選択に対して禁じられる対象を母親と姉妹だけに限る近代の傾向によって、露わになっている。だからと言って、その禁忌の外側ではどんな対象を選ぶこともできるというわけではないのであるが。

この法はしたがって、言語活動の領界にまさに等しいものであることが、充分に認識される。なぜならば、親族呼称なしでは、世代を通じて家系を織り上げてゆくような、優先順位とタブーの順位を設立するほどのどんな力も、生まれようがないからである。だからこそ、聖書においても、あらゆる伝統法においても、世代の混乱は、言葉《ヴェルブ》への冒瀆、罪人の悲嘆として、呪われているのである(訳注44)。

実際、我々は、虚偽の家系というものが、周囲の事情が主体にその嘘を無理に本当だと思い込ませているような場合には、主体の人格の解離にまで至る荒廃状態を招きうることを知っている。また、たとえそのような虚偽がなくても、次のようなケースでは、必ずしもそれよりましだということはなかろう。ある男性が、ある女性との間に息子ができて、しかしその女性の母親と結婚すれば、先ほどの息子は、自分の母の兄弟を、自分の兄弟として持つことになる。さらに、――これは作り話ではないのだが――、父親は以前にも結婚していて、その時に娘がおり、その娘は結婚して家庭を構えていて、この家庭が思いやりがあり、先ほどの息子を、養子として引き取ってくれたとする。そうすると、今度は、この息子にとっては、自分の異母姉が、自分の新しい母親になったということになる。そしてこの家に新しく子どもが生まれるとすると、それはこの息子にとっては同時に弟であり甥であることになる。このような繰り返された状況の中で、この息子がその新しい子どもの誕生をどのような複合的な気持ちで待ち受けることになるかは想像されよう。

また、二番目の結婚によって生まれてきた子どもにとって、自分の若い母親と自分の年長の異母兄とが、だいたい同い年くらいであるというような、単なる世代のずれでさえも、それに似たような結果を及ぼすであろう。人も知るように、それがまさしくフロイトの場合であった(訳注45)。

原始の人が、自分が名前を同じくする祖先の生まれ変わりだと信じるのも、近代の人が、ある性質が世代を追って代わる代わる現れてくると考えるのも、この同じ象徴的同一化のなせるわざなのであり、この象徴的同一化は、上のような父性関係の不協和にさらされた主体の中に、エディプスの解離を導き入れる。それが常に病原的な効果の出所になっているのを、認めないわけにはゆかない。たった一人の人物によって表されているからこそ、父の機能は、想像的ならびに現実的な諸関係を自らの内に集約する。ただしその諸関係は、父の機能を本質的に構成している象徴的関係に対しては、多かれ少なかれ不適合なものにとどまる。

歴史の時間が刻まれ出して以来、象徴機能によって、父という人物と法の姿とは同一のものとされてきた。その象徴機能を支えるものは、父の名（nom du père）にこそ認められなければならない。このことを頭に置いておけば、我々は、一つ一つの精神分析のケースにおいて、この象徴機能の無意識の諸効果を鮮明に識別することができる。それらの効果は、象徴機能を体現している人物の心像《イマージュ》や行動によって主体が支えているナルシス的な諸関係、もしくは、現実の諸関係とは、別物であることがわかる。ここから生まれる理解のあり方は、他ならぬ分析家の介入のふるまいの中に、反響してくることだろう。このような理解による介入がいかに豊かな成果をもたらすかは、私の経験でも、また私がこの方法を教えた弟子たちの間でも、確かめられている。そしてしばしば私は、スーパーヴィジョンにおいて、また会合で報告されたケースにおいて、この理解のあり方に無知であることによる有害な混乱を、指摘する機会があった。

このように、言葉《ヴェルブ》というものの力があればこそ、ラブレーが高名な隠喩の中で述べたような、その経済が星々にまで及んでいる「巨大な負債」の運動は、かくも恒久的なものになっているのである。(訳注46) だからラブレーがその一章の中で、さまざまな言葉を雅俗混淆体風にもじって親族名称として使い、(訳注47) かくして現代の民族誌学の発見を先取りしているからといって我々は驚かないし、ラブレーのこの先見の明はむしろ、我々が此処で解明しようと試みている人間の神秘を言い当てたものとして、我々の心の糧ともなるのである。

聖なるハウや遍在するマナも、この「負債」と同一のものであり、この侵すべからざる「負債」の保証があればこそ、女たちと財産とを運ぶ航海は、もとの出発点へと、他の女たちと他の財産を、循環周期を描いてあやまつことなく持ち帰り、それらの女たちと財産とは、ある種の同一的実体性を担うことになるのである。この実体性を、レヴィ＝ストロースは、ゼロの象徴と呼び、大文字の話の力を一つの代数記号の形態へと還元したのであった。(訳注48)

象徴たちは、人の生を、一つの全体的な網で包んでいる。その網がどれほど全体的かと言えば、人がこの世に来るに先立って、彼を「骨と肉によって（訳注49）」生み出すことになる者たちをめあわせたり、彼の誕生に際しては、妖精たちの贈り物ならぬ、星の贈り物と共に、彼の運命の設計図をもたらしたり、彼を信仰者にも背教者にもしてしまう言葉をふりまいたり、また、彼が今はまだそこには居ないが死んでからもそこに居るような場所で、彼につきまとうであろう行為の法を宣告したりする。彼が死への存在（訳注50）を主体的に実現することに至らないのであれば、彼の人生が終わってから、象徴たちを通じて、言葉《ヴェルブ》が、最後の審判において、彼の存在を許すかあるいは地獄に落とすことによって、彼の末期の意味を明らかにする。

なんという隷属でありなんという光輝であろう。言語の混乱が幅を利かせ、さまざまな命令が互いに食い違い、普遍の作品がきれぎれに引き裂かれてしまおうとする時に、言語活動の循環周期が、干渉と拍動を生命体の上に収斂させ、その干渉と拍動の中で、欲望が生命体の取り分を留保してやるのでなかったら、この隷属と光輝のただ中で、生命体は破滅してしまいそうである。

しかしまさにこの欲望が、人間の中で充たされようとして、話の一致を通して象徴において、あるいは威信の闘いを通して想像界において（訳注51）、承認されることを要請してくる。

この欲望は、象徴界の葛藤や想像界の固着に対して、それらの葛藤や固着の和解点として、そうした場でささやかな現実性を支えてくれている。そして、精神分析と言われるものは、そうやって支えられてきたささやかな現実性が主体の中に到来することに賭けるものなのだ。我々の採るのは、この欲望が承認されるような間主体的な経験を持つという道である。

そこでわかるのだが、問題になるのは、主体の中において、話と言語活動がどのような関係を結ぶのか、ということである。

我々の領域では、その関係において三つの逆説が現れる。

まず、どのような性質のものであれ狂気においては、一方では、自らが承認されることを放棄してしまった消極的な話の自由というものがあることを、我々は認めねばならない。言い換えればそれは我々分析家が転移への障壁と呼ぶものに他ならない。そして他方では、妄想と言われている独特の形成物を認めねばならない。この形成物は、作話的であれ幻想的であれあるいは宇宙論的であれ、また解釈的であれ復権的であれ理想主義的であれ、(訳注52)主体を、対話なき言語活動の中に客体化してしまう。*7

主体が話しているというよりはむしろ話されているとでもいうべき語らいの在り方がさまざまな形でステレオタイプ化してしまっているこれらの状態からは、話の不在が明らかに見て取れる。我々はそこに、化石形態における無意識の諸象徴を認める。それらの化石化した象徴たちは、今ではすでにミイラ化された姿でのみ我々の蒐集品となっている神話と並んで、象徴の自然史のうちにあるべき位置を見出しているかのような趣がある。しかし、ここでその主体が、それらの象徴を引き受けていると言うのは誤りである。主体が治療の試みによってその象徴の認知を迫られたときに示す抵抗は、神経症の場合に、決して劣るものではないからである。

ついでながら、これらの主体に対して文化がふり当ててきた位置が、社会の空間の中ではどこにあるかということ、特に言語活動に関連する社会的な務めのうち、どこに彼らを割り当てているかを印づけておくのは、無駄なことではあるまい。というのも、文明の複合構造の特徴である象徴界の不協和によって生み出された破綻の効果を、これらの主体が蒙ることになった要因の一つが、そこに見出されないとは限らないからである。

逆説の第二の事例は、(訳注53)精神分析の発見の独壇場、すなわち、さまざまな神経症を構成している経済論における、症状、制止、そして不安によって表わされる。

ここでは、意識を秩序づけている綾成す語らいから、話が追い出されている。しかし、その追い出された話は支持媒体を見出す。あるときは、その支持媒体は、主体の自然的機能のうちに見出される。器質的な棘が生じれば、主体の個体的存在から主体の本質への間にあの開口部が開き始める。こうして、病気というものが、生命体を、主体としての実存へと導き入れるものになる。*8 またあるときは、環界（*Umwelt*）と内界（*Innenwelt*）との境界において両者の関係的構造化を組織している心像たちのうちに、その支持媒体が見出される。

ここで症状とは、主体の意識から抑圧されてしまったシニフィエの、シニフィアンである。肉体という砂の上に、そしてマーヤーのヴェール（訳注54）の上に書かれた象徴であるこの症状は、意味論的な両義性ゆえに言語活動に属し、その両義性については、我々が先に、それがどのように構成されているかを強調しておいたとおりである（訳注55）。

しかし、症状は、充分に話になっている話なのである。なぜなら症状としての話は暗号になっていて、秘密のうちに他者の語らいを含んでいるからである。

フロイトはこの話を解読することによって、象徴たちの第一言語*9を再発見した。それは文明人間の苦しみ（「文化における居心地悪さ」（訳注56））の中に、いまだに生きていたのであった。

---

*7　リヒテンベルクのアフォリズム：「自分は大公だと思い込んでいる道化と、本当の大公とを区別するのは、前者が消極的な大公であるのに対して、後者が消極的な道化であるという一点に過ぎない。しるしがないと、まるで同じだ。」（訳注57）

*8　あのヘーゲルの一句（訳注58）についてただちに主体的な確証を得るためには、次のような光景を目にしただけで充分である。最近の疫病のおりに、盲目になってしまった一匹の兎が、もはや一つのまなざしでしかなくなってしまった彼のうつろな視界を、沈みゆく夕日に向けて、道路の真ん中に立っていた。彼は悲劇的なまでに人間的であった。

*9　この用語を我々がどういう意味で捉えているかは、この前にも後にも示されている。

72
ヒステリーのヒエログリフ、恐怖症の紋章、強迫神経症（*Zwangsneurose*）の迷路、——不能の魅惑、制止の謎、不安の神託、——性格という話す家紋[*10]（訳注59）、自己懲罰の烙印、倒錯の仮装。これらの秘法を我々の訓古学が解読し、これらの多義性を我々の祈願が宥和させ、これらの策略を我々の対話法が免じ、かくして、幽閉されていた意味は解放されてゆく。この解放は、再記写本《パリンプセスト》の開示（訳注60）に始まり、神秘により与えられる言葉《モ》に、そして話による赦しへと至る。

話と言語活動との関係の三番目の逆説は、語らいが客観化されるにつれて主体がその意味を失うという逆説である。このような定義自体は形而上学的に見えるかもしれないが、だからと言って、経験の前面にこの逆説が現れるのを我々が見損なうことはありえない。なぜなら、そこには科学文明の主体の最も深い疎外があり、主体が彼自身について我々に話し始めると、我々がまずぶつかるのは、この疎外であるからである。この疎外を完全に解こうと思えば、分析はここでまたしても、その最後の知恵を振り絞るところまでゆかねばならない。

この疎外を範例的に示すために、日常の語らいほどに適切な領域はないと思う。ヴィヨンの時代の「私がそれだ（**ce suis-je**）」が、近代人の「それは私だ（**c'est moi**）」へと、ひっくり返っていることを思い出してもらえばよい（訳注61）。近代人の自我《モワ》は、我々が別のところで示したように（訳注62）、己れが告発する世界の無秩序の中に、まさに己れの存在の理由があるということを認めない美しい魂の弁証法的袋小路の中に胚胎したのである（訳注63）。

しかし、主体の語らいが妄想し錯乱しているこの袋小路からの一つの出口が、主体に差し出される。科学の共通作業の中で相互伝達《コミュニカシオン》することが、そして普遍文明の中で科学から仰せつかった役柄通りにその相互伝達を果たすことが、主体にとって、価値ある行ないと見なされるようになるのである。科学というものによって構成されたこの巨大な客観化の内部で、この相互伝達は効力を発揮し、主体は主体性を忘れることも許されるようになる。主体は毎日の仕事の中の共通作業で上手く協力し合い、自分の余暇は文化の恵みを受けることに当てるようになる。推理小説から歴史物語まで、教育講演から集団内人間関係の整形外科もどきまで、気前の良い文化は彼がその実存と死を忘れ、同時に、にせの相互伝達の中で彼の人生の個別の意味を認めないでいることができるようにふんだんに材料を与えてくれる。

もしも主体が、しばしば鏡像段階にまで進むあの退行を経験することによって、彼の自我が己れの想像界での戦利品を内蔵していたあの時期の城郭を再発見するということがなかったら、おそらく上のような状況で主体が陥らざるをえない信じやすさに、限界を設ける術は、ほとんど何も見つからないであろう。したがって、仮に我々精神分析家が、我々の学問の神話的操作によって、あの自我（*ego*）、超自我（*superego*）、イド（*id*）という解体された三位一体の中へと、主体にさらなる疎外の機会をもたらしてしまうようなときには、我々の責任は恐ろしいほどのものになる。

ここでは、言語活動が、壁となって、話に対して立ちふさがっているのである。そして、我々の文化の「正常」人が異口同音に繰り返す、言語偏重主義を警戒せよとの度重なる仰せは、結局この壁にもっと厚くなれ厚くなれとおまじないをかけているようなものにすぎない。

この厚さを、統計的に決定できる量で測っておきたいという人があれば歓迎しようではないか。我々の文化の及ぶ範囲を、A、B、Cとかの区画に分けて、住民一人当たりで、印刷された紙を何キログラム、レコードの溝の長さを何キロメートル、ラジオの放送を何時間、この文化が生産したかを、測るのである。こういう研究計画

＊10　ライヒの誤りは——それにはまた立ち戻るだろうが——紋章《アルモアリ》を鎧《アルミュール》と勘違いしたことである（訳注64）。

74

には、我々の文化のどこかの組織が、きっと飛び付いてくださるに違いなかろう。そうすれば、言語活動の問題は、言語活動の使用状態が映し出されている個人の脳回の範囲をはるかにはみ出して広がっているということが、判明してくるであろう。

わっしらがらんどう人間
わっしらつめもの人間
おしくらまんじゅうもたれ合い
首から上はわらばっかし……悲しや。(訳注65)
後略

先ほど、主体が話しているというよりもむしろ話されているということを、狂気における疎外の形式として、それなりの正統性を示しながら取り出しておいたが、この疎外は、まさにこの文化の状況に似てきてしまうのである。そうだとしても、この類似は、精神分析において想定されている、本当のことを話さなければならない、という要請と、明らかに同じところからやって来るものである。このような帰結は、我々のこの議論を構成している件の逆説を限界にまで押しつめたところに現れるのであって、精神分析自身の見通しの常識に反して、この帰結が返ってこざるをえないとしても、我々はそういう反論に対して、それはごもっともだと答えもしようし、それどころかさらに進んで、この結果はまさに我々が予期したところだったと述べることになるだろう。というのも、弁証法的な転回からすると、そのようにならざるをえないのであって、そのことは、昔から少なからぬ先人たちによって、夙《つと》に気づかれていたのであり、我々は、ヘーゲルによる「頭蓋骨の哲学」(訳注66)の批判を通って、「自《モ》我《ワ》」の歴史の幕開けの時にまで遡り、往時のパスカルの警句が響いてくるのに、立ち止まって耳をすまさずにはいられないのである。曰く、「人間はもし気が違っていないとしたら、別の違い方で気が違っていることになりかねないほどに、必然的に気が違っているものである。(訳注67)」

そうは言っても、我々は、我々の文化が創造的主体性の外側の闇の中を進んでいると言いたいわけではない。創造的主体性は、むしろ、その闇において絶えざる苦闘を続け、人間の交流の中で、象徴たちの汲めども尽きぬ力を新たにし、かくしてその闇が明るみにもたらされるようにしてきたものである。

この創造を支えるごく限られた数の主体を称揚することは、等価でないものを付き合わせて、一種のロマン主義的観点に流れてしまうことになる。事実は、この主体性は、それがどの領域、たとえば数学、政治、宗教、あるいは広告というところに現れようとも、全体として、人間の動きを活気づけ続けているのである。それでは、こうしたロマン主義的な観点とは別の視点から見ると、どういうことになるであろうか。この視点もまた錯覚を含んでいて、そこからは、次のような逆の特徴が強調されることになるだろう。すなわち、全体としての人間の運動が、かつてないほど明らかに象徴界の質を帯びてきているのである。革命によって生み出された権力は、その行使においてますます絶対的なものになったが、それは決して、よく言われるように、その権力が無名の大衆から来るようになったからではなくて、権力を意味する言葉《モ》が権力としてさらに独り歩きしているからである。これは革命の皮肉というべきものであろう。しかも他方では、教会が巧みにその言語装置を維持し続け、教会の力はその中に、かつてないほどに住み付いている。フロイトは教会と軍隊という、二つの集合的主体性とでも言うべきものを我々に描き出してみせているが、彼のその論文を以てしても、教会が支えているこの言語活動とい

76

う審級は、まだ十分に明るみに出されてはいなかったということを、ここで言っておかねばなるまい（訳注68）。

精神分析は、近代的主体性を導くにあたって一定の役割を果たしてきたが、これからは、科学においてのその役割を明確にする運動に沿ってでなければ、それを維持することはできないであろう。

これは、諸科学の中で我々の学問が占めるべき位置をどのように基礎づけるのかという問題である。すなわち、形式化という問題である。だがそれはどうも、出だしから実にまずい仕方で取り組まれてきている。

というのは、精神分析が初めはそれに対抗して自己確立しなければならなかったという経緯から、我々は医学マインドという悪い癖にとらわれて、この医学という学問を範とすることになったから、諸科学の動きからは半世紀ばかりも遅れて、諸科学の動きに追いつこうと骨折るはめになったように見えるからである。

実験という方法の原理を、人工的で擬態的でさえあるやり方で拝借して、分析という経験を抽象的に客観化するということが行なわれてきたけれども、本来の構造に従って我々の領野を耕したいなら、偏見の結果であるそのような客観化を、我々の領野から一掃することから始めなければなるまい。

分析家として我々は、むしろ象徴界の機能の実践家たるべきであって、この象徴界の機能こそが、諸科学の新しい次元を切り開いて人間学を問い直すという運動のただ中に我々分析家を位置づけているものであるのに、我々が、その機能を深めることを回避して、ついには、自らのそうした位置を顧みないまでになってしまっているのは、慚愧の至りである。

この新しい次元は、すでに『テアイテトス』（訳注69）に発する伝統の中にその名が記載されている、真の学問《シアンス・ヴェリターブル》の概念への回帰以外の何ものをも指し示してはいない。ところが、人も知るようにこの概念は、あの実証主義によって、見事に裏返され、頽落の坂道を転げ落ちることになってしまった。実証主義は、実験諸科学の全構築の最高位に、人間についての科学を置くべきだ、と称して、その実、人間の科学を、実験科学の従属物にしてしまったのである。この頽落した概念は、単に特殊化された発展の一つに過ぎない実験というものの権威に足もとをすくわれて、科学史についての心得違いを犯したことから発しているのである。

しかし今日では、諸々の推測科学《シアンス・コンジェクチュラル》（訳注70）が、古えよりの科学の概念を再発見しつつ、十九世紀から受け継いだ諸科学の分類を、現在の最も透徹した精神の持ち主たちが明らかに示している方向で再検討するように、我々を促している。

それらの諸科学の具体的な進化を辿ってみれば、そのことに気づかずにはいられない。

ここで水先案内人になってくれるのは、言語学である。現代人間学の先頭に立って我々を導く役割を果たしているのがこの学問であり、そのことに、我々は無関心であるわけにはいかないからである。

意味論にとって把握しうる最小の弁別要素によって形成された対立の対の機能としての音素（phonème）の発見（訳注71）は、数学化という形式のうちに組み入れられる。この形式は、先程も述べたフロイトの晩年の教えによる基礎づけへ（訳注72）と、我々を導いていく。フロイトは、母音による現前と不在との共示のうちに、主体における象徴界の機能の源泉を指し示したのである。

どのような国語も、ごく少数の音素的対立の集合へと還元され、その少数の音素対立が、その国語の最も高次の形態素に至るまでの厳密な形式化の始まりとなるということは、我々の領野にとっても、厳密科学的な接近を射程にもたらしてくれるものとなる。

我々もまた、我々の領野に対しての適切な切り口を見つけるべく、このような接近法を身につけるときである。我々に並走しつつ、すでに民族誌学が、神話素の共時性に従って神話を解読しているではないか。

レヴィ=ストロースという人が、社会法のうちのあの部分、つまり婚姻と親族を規制している部分に、言語活動の諸構造を絡め合わせることによって、フロイトが無意識を据えつけおいたあの土地を、既に征服しているということに、我々は見て見ぬふりを決め込んでいるわけにはいかない[*11]。

このことからして、主体性の科学としての人間の科学を、諸科学の分類の中での中心的な位置に呼び戻そうと思うならば、その新たな分類の軸を象徴の一般理論の上に置かないでいることはできない。その一般理論の原理を、以下に示しておこう。ただ、その原理にはなお推敲の余地がないわけではない。

象徴界の機能は、主体の中の二重の運動として姿を現す。人間は、自分自身の行為を、一つの対象とする。しかし、人間は、自らの欲するときに、その行為に、創設者としての位置を返してやる。あらゆる瞬間に働いているこの多義性の中にこそ、機能の進展のすべてが蔵されており、そこでは行為と認識とが互いに入れ替っている[*12]。

学校の授業から、そして我々の時代の急所から、それぞれその例を挙げてみよう。

――第一の例は数学から：人間はまず、自分が数えた二つの集合を客体化して、二つの基数とする。その次に、これらの数によって、加算という行為を実現する（カントの『純粋理性批判』第二版のⅣ、先験的感性論への序論の中に引かれた例を参照）(訳注73)。

――第二の例は歴史から：我々の社会の中で生産に従事する人間は、まず、自分をプロレタリアの中に数える。その次に、この帰属の名のもとに、ゼネストをする。

これら二つの例が、ますます浮世離れしてゆく数学の雅と資本主義による搾取の非情なる鉄面皮という、具象世界においては全く対照をなすような二つの領野からきているとしても、それは、遠く離れたところから発しているように見えるこれらの効果が、二重の裏返りによる交差をすることによって、相俟って我々の生存を形作っているということなのである。最も主体的な科学が新しい現実を生み出したかと思うと、一方では、社会的分配の闇が、活動する象徴を牢固として身に纏うのである。(訳注74)

ここで、いわゆる厳密諸科学と、推測科学という呼び名を拒否しようのない諸科学の間に、人が引くであろう対立は、その根拠がなくなってしまうので、もはや受け入れることができないものに映る。*13(訳注75)

というのも、厳密さと真理とは区別さるべきものであるし、推測は厳密さを排除するものではないからだ。そして実験科学は自らの厳密さを数学によって支えているが、だからと言って、実験科学と自然との関係が、問題のないものになるというわけではないのである。

確かに我々は自然とつながっているのだし、そのことは我々に、次のような詩的な考えを起こさせたりもしよう。我々は科学の中に、自然それ自体の固有の運動を、こんな声として再発見しているのではないか、などと。曰く、

……あの声、
もはや誰の声ということもなく
波の声、森の声ということもなく、
ただ響き、それと知られる、あの声、(訳注76)

---

*11　Claude Levi-Strauss「言語活動と、社会法の分析」*American anthropologist*, vol.53, n°2, april-june 1951, pp.155-163. 参照（訳注77）。
*12　ここまでの四段落は書き直された（一九六六年）。
*13　ここまでの二段落は書き直された（一九六六年）。

たとえそういう考えが起こったとしても、我々の物理学でさえ、数学的象徴を道具とした、精神による工作物だということは明々白々である。

というのは、実験科学は、それが実際に取り扱っている量そのものによってというよりも、むしろそれが現実界の中に持ち込むことになった尺度によって、定義されるからである。

そのことは、それなしでは実験科学が不可能となるあの時間の尺度をとってみてもすぐにわかる。ホイヘンスの振り子時計、これによってのみ実験科学にその厳密さが与えられたのであるが、その振り子時計はまさに、ガリレオの諸物体の等重力の仮説、すなわち、等しいということによって、どのような落下にもその法則を与えるような、均一なる加速度という仮説を実現した、一つの器官に他ならなかった。

ところで、面白いことに、この振り子時計という装置が完成されてから、ガリレオの仮説が観察によって証明されうるようになったのであり、しかもこの事実によって、この装置が観察の厳密さのための道具を提供すると同時に、観察そのものが不要になったのである。*14

しかしながら、数学は、もう一つの時間、すなわち、人間行動を構造化している間主体的時間をも象徴化することができるのである。その時間については、ゲーム理論、いまだに戦略と呼ばれているがむしろ「推計学《ストカスティック》」と呼んだ方がいいこの理論が、われわれにいくつかの定式化の道を提供しはじめている。

かく言う筆者自身も、あるソフィスムの論理を題材にとって、人間の行動は(訳注78)他者の行動に即して形作られるしかないものだが、自らのためらいを区切る中で己れの確信が到来するのを見出すにあたり、時間的な源泉が存在することを証示しようと試みた(訳注79)。そして、己れの行動を結論づける決定の中で、人間の行動は、過去への裁可を与えることを通じて、他者の行動をも己れの中に内包することになり、かくして、他者の行動にも、来たるべき意味を与える。

そこで証示したように、了解するための時間の中で主体によって先取りされた確信は、結論のときを結晶化させる急き立てを通じて、主体固有の運動を誤りとするか真理とするかを、他者という場で決定する。

この例からは、ブール論理学、さらには集合論(訳注80)の発想の淵源となっている数学的形式化が、人間行動の科学の中に、このような間主体的時間の構造をもたらしうるということがわかる。精神分析の推測(訳注81)が厳密性のうちで自らを保証しようとすれば、この間主体的時間の構造が必要になる。

もしこのあたりで、歴史に目を向けてみてもよければ、我々は、歴史学的方法の歴史が次のことを示しているのに気づくであろう。すなわち、歴史学的方法が歩みを進めるのは、出来事が人間的なものとなる原初的歴史化という構成的主体性へと、歴史学者自身の主体性が同一化するという理想が、果たされたそのときなのである。だとすると、ここにまさに、精神分析の射程があることが明らかとなる。すなわち、この理想を実現させるものとしての認識のうちにであり、また、そこに理由をもった実効性のうちにである。このように歴史を範例とすることによって、我々の技法にも理論にも強迫的に取り憑いているいわゆる生きられた反応(訳注82)への依拠は、蜃気楼のごとく消え失せる。なぜなら、我々が把持している出来事の基本的歴史性は、主体が現在の中で過去を再生させる可能性を考えるのに十分だからである。

さらに言えば、この範例からは、精神分析で言う退行が、なぜ主体の歴史の前進的次元を含みうるのかという

＊14　ガリレオの仮説とホイヘンスの振り子時計については、アレクサンドル・コイレによる「測定における実験」を参照されたい。『アメリカ哲学会報告集』97巻、一九五三年四月(訳注83)。
この二つの段落は書き直された（一九六六年）。

ことが理解されるはずである。この前進的次元については、神経症的退行に関するユング的概念にはそれが欠けているということを、フロイトが我々に明確にしてくれている[訳注84]。そして我々は、まさに分析経験というものが、身代わりを後に残してのそうした前進を更新させるものだということを、見て取ることができるのである。

　さていよいよ言語学へと参照を進めてみれば、我々は、言語活動における通時的構造化から共時的構造化を区別する方法へと導かれるであろう[訳注85]。この方法を用いれば、我々精神分析家の言語活動が、抵抗を解釈するときと転移を解釈するときとで、どうして異なる価値を持つようになるのかということをよりよく知ることができるし、あるいはまた、強迫神経症において、抑圧そのものの効果と、個人神話[訳注86]の構造とがどのように異なるのかということを見分けることができるようになる。

　理念上の精神分析学部に付随する諸科学を構成するはずの学問分野として、フロイトが挙げたリストを、我々は知っている。そこに見出されるのは、精神医学や性科学と並んで、「文明史論、神話学、宗教心理学、文芸史および文芸批評」である[訳注87]。

　技法の学修の課程（*cursus*）を作るとすれば、上に挙げられたような素材が全体としてそれを規定してくることになるが、この全体は、我々が記述しておいた認識論的な三角形[訳注88]に普通に当てはまり、この三角形は、分析の理論と技法の高度な教えにその方法論を与えるであろう。

　我々としては、このリストにさらに付け加えるべきものがあると思う。すなわち、まずは修辞学。次に弁証法、ただし、アリストテレスが『トピカ』の中でこの語に持たせている意味においての弁証法[訳注89]。さらに、文法学。そして言語活動の美学の極めつけとしての詩学、ここには、陰に追いやられてはいるが機知の技法を含ませるべきであろう。

これらの項目はある人々にとっては少し古くさい響きがするかもしれぬが、我々は、これらを自分にとっての源泉への回帰だと思って、厭わず引き受けたいものである。

というのも、精神分析の最初の発展は、諸象徴の発見と研究に結びついていたのだから、中世において「自由科目」(訳注90)と呼ばれていた構造体に属することになってもおかしくなかったのだ。それらの科目と同じく、真の形式化を欠いていたので、初期の精神分析は、やはりそれらと同じく、特権的な諸問題の寄せ集めのように組織されたのである。その諸問題のそれぞれは、人間と人間自身の尺度とのうまくいった関係からもたらされてきており、また、この特性のゆえに一種の魅力と人間味とを獲得していたので、精神分析の初期の文献を読むと何か暇つぶしをして遊んでいる《レクレアティフ》ように見えるとしても、その魅力と人間味によって、そうした欠点は補われていたということになろう。精神分析の初期段階のこのような多少とも娯楽性のある《レクレアティフ》側面は、科学主義時代の荒れ野における人間的意味の再創造《レクレアシオン》に他ならなかったのであるから、我々はそれを侮ることはしないでいよう。

精神分析がその後間違った道に踏み込み、弁証法的構造の反対側に向けての理論化にいそしんでしまい、そのことによって、別に精神分析の水準が上がったわけではないということを鑑みれば、娯楽性のあったこのような初期段階を軽蔑することは、ますますできまい。

精神分析がその理論と技法に科学的基礎づけを与えうるとすれば、己れの経験の本質的なあの二つの次元、すなわち、歴史的象徴理論を以てしながら、間主体的論理と主体の時間性という次元を、適切な仕方で形式化することによってでしかないであろう。

84

III　精神分析技法における、解釈の共鳴と主体の時間

男と愛のあいだに
女がいる
男と女のあいだに
世界がある
男と世界のあいだに
壁がある

（アントワーヌ・チュダル『二〇〇〇年のパリ』より）

Nam Sibyllam quidem Cumis ego ipse oculis meis vidi in ampulla pendere, et cum illi pueri dicerent: Σιβύλλα τι θέλεις, respondebat illa: ἀποθανεῖν θέλω.

(*Satyricon*, XLVIII)

実際わしはこの眼でシビュラ（訳注1）が瓶の中にぶらさがっとるのを、クーマエで見たよ。子どもがギリシャ語で彼女に「シビュラよ、何が欲しい」と訊くと彼女はいつも「死にたいの」と答えていたものさ。

（『サテュリコン』（訳注2）四八）

精神分析の経験を、話と言語活動へと連れ戻す、つまりはそれをその基礎にまで連れ戻すならば、それは精神分析の技法に関わる問題となってくる。では精神分析経験は、曰く言い難いものの中に滑り込んでしまったのかというと、たしかにそこまでは行っていないとしても、現にこの際に横滑りが起こっているということを認めざるをえない。この横滑りは、一度始まると元には戻らないらしく、精神分析の解釈が、本来の原理からどんどん遠ざけられてしまうことになっている。だから、新しい目標に向かって開かれた理論などと言ってみても、それは、単に、このような実践上の逸脱に合わせただけのものなのではないか、と疑ってみるのは当然である。

もっと詳しく見てみよう。象徴的解釈の諸問題は、我々の小さな業界をまずは怯えさせたが、やがては邪魔者扱いされるようになった。今ではついに、こんな教唆まがいを傍若無人に押しつけるやり方でフロイトが治療に成功したなどということは驚きだ、とまで言われるようになっている。ドーラ症例、鼠男症例、そして狼男症例（訳注3）で開陳されて目を引く事柄は、我々にとってスキャンダラスなものに見えないわけにはゆかなくなってしまっている。事実、我々の業界の識者の方々がしゃしゃり出て、フロイトのとった技法は実はあんまりよくなかったんではないかと堂々と仰せになったりもしているのである。

実のところ、このようなフロイト離れは、精神分析運動の中で見られるある種の言語の混乱に属するものであって、その言語の混乱については、業界の現体制の代表者とも目されるお方も、最近なさった内輪の話の中で、もはや隠す必要もないこととして開陳されたところである。

顕著なのは、完璧な客観化の条件を我々の経験の中に見つけ出すということが自分に託された務めだと、各人が勘違いすればするほどこの混乱に拍車がかかる、ということである。挙げ句の果ては、こうした理論的な試みが現実からかけ離れたものであればあるほどかえってそれらを熱烈に歓迎してしまうというようなことにさえなっている。

こういった中で、抵抗分析の諸原理は、いくら巧みに基礎づけられたものになったとしても、そうした諸原理が話すということの間主体性とどのように関係しているのかについては、理解されないままなので、実践の中で、主体をさらにひどく誤認する機会となってきたということは、確実である。

実際、鼠男の治療場面は、七回目のセッションまで、まるごと我々に詳しく伝えられているわけだけれども、それを読むと、フロイトが患者の抵抗に気がつかなかったなどということは全くありそうもないことがわかる。それも、今日の技法論者たちが、ほらここでフロイトが抵抗を見逃している、などとのたまうその場所でこそ、フロイトは、気がついている。というのも、ほらここに抵抗がありますよと、彼らに教えてくれるのは、まさにフロイトのテクストそのものなのだからである。――フロイトのテクストではよく、主体の根をいずれかの解釈でもって掘り尽くしてしまうまでもなく、主体の在処が枚挙され尽くすということが起こって我々を感嘆させるのだが、そうしたことがここにもまた現れているのである。

我々が言っておきたいのは、患者が最初の沈黙に陥ったとき、フロイトは確かに患者をそこから抜け出るように励ますような弊には陥らなかったのであるが、それだけではなく、沈黙ゲームの想像界における誘惑としての射程を完璧に理解していたということである。強迫観念の主題となってつきまとっている懲罰のことを苦しそうに物語る間に、患者が見せていた表情についてのフロイトの記述を読んでみれば、そのことはただちに納得されよう。無論その懲罰とは、鼠を罪人の肛門に無理矢理押し込むというものである。「患者の表情は、自分でも知らない享楽への怯えを映し出していた。」患者のこの物語が、それ自体で現に一つの反復としての効果を持つものだということ、そして精神分析家が、この物語を主体の記憶の中に無理強いに書き入れたあの「残酷な軍曹」に、同一化されているということを、フロイトは見逃さなかった。さらには、主体が自分の語らいを続けていくために保証として求めた理論的な説明が、どのような効力を持つことになるのかということも見逃さなかった。(訳注4)それでもフロイトは、ここで抵抗解釈をするということなく、こうした主体の求めに近づいていったということに我々は驚くし、しかも主体側のゲームの奥深くにまで入り込んでいるようにも見えるほどである。

しかしながら、フロイトが主体に与える説明の、我々の眼には粗野に見えかねないほどの極端に当て推量的な性質こそが、我々に大事なことを教えているのである。そこでなされているのは、教説でもなく教唆でもなく、実は話の象徴的贈与というべきものなのである。フロイトが患者のゲームに想像界において参与しつつ、その中から発したこの話の贈与は、秘密の契約に満ちており、それは、のちになって主体が自らの思考の中で、鼠と、分析家に支払うグルデン貨幣との間に象徴的等価性を打ち立てたとき、その影響力を明らかにすることになったのである。(訳注5)

ゆえに、フロイトは抵抗を見逃したどころか、話が共鳴のきっかけを見出すための恰好の機会としてそれを活用したのだということ、また、それを用いて自分のメッセージに主体を巻き込みつつ、自分がもともと抵抗に与えていた最初の定義(訳注6)にあたう限り沿うような方法をとっていたということを、我々は知ることができる。一方ではまたフロイトは、抵抗を構ってやっているうちに、せっかくの分析の対話が、分析家を誘惑しながら逃げていくような鬼ごっこレベルの会話に、抵抗によって固定されてしまうということを見抜いたときに、抵抗を深追いすることをやめたのである。

しかし、我々は、ここから次のことを学ぶ。すなわち、話は、言語活動の諸領域にまたがって総譜を構成するものであり、精神分析は、その総譜の中の多様な五線譜たちの上で演奏してゆくことから成っている、ということである。重層決定（訳注7）ということも言語活動のこの多領域性に根を持ち、この次元以外では意味を持たない。

そして我々は同時に、フロイトの成功の源を把握することになる。分析家のメッセージが、主体の深い問いかけに答えるためには、主体がそれを、個別に自分に向けられた応答であるとして聞き取ることが要請される。そして、フロイトの患者たちというのは、メッセージの予告者その人の口からぴったりな話を受け取るという特権を持っていたのであって、それゆえ彼らにおいては、その要請が満たされた。

ついでながら、フロイトによるそうしたぴったりな話を、この患者はあらかじめ味見をする機会があった。というのは、ちょうどそのころ出版されたばかりの『日常生活の精神病理学にむけて』（訳注8）を、彼は拾い読みしてみたことがあったからである。（訳注9）

今日、特にこの本が分析家の間でさえよく知られるようになったということもないのに対し、フロイトの諸概念は一般の意識の中で世俗化し、我々の言う言語活動の壁に染み通っている。そのことのために、我々が、鼠男へのフロイトの談話と同じスタイルを我々自身の話に採用したとしても、その話の効果は弱まることになる。

しかしなにもフロイトを真似なければならないというわけではない。フロイトの話の効果を再発見するために、我々は、フロイトの話の言い回しそのものではなくて、むしろその話を動かしている諸原理を頼りにしよう。

それらの諸原理は、ソクラテスからヘーゲルにかけて実現されている自己意識の弁証法と別のものではない。そこでの自己意識の弁証法は、理性的なものは現実的であるという皮肉な想定に発して、現実的なものはすべて理性的であるという科学的判断へと性急に固まってきている。（訳注10）しかしながら、フロイトの発見は次のことを示すことになった。すなわち、弁証法によるこの論証過程は、正しく進んで行くことで、まさに自己意識から主体を脱中心化してしまうという形で主体に及ぶということをである。主体は、ヘーゲルの精神現象学の再構成では、自己意識の中軸に維持されていたものであるが。(訳注11) 言い換えれば、フロイトの発見は、「意識化」のどのような探求をもさらにはかないものにする。普遍的なるものは個別的な契機との結びつきがあってはじめてその体を成し、それなくしては単なる一般性へと霧散してしまうものであるが、「意識化」といったようなものは、心理学的現象としての範囲を超えて、そうした結びつきの中に登録されることもないであろう。

上で述べたことは、ヘーゲルの現象学を構造化している諸契機を無視することが我々の分析技法にとって不可能であるのはどの範囲までであるのかを、定義する。まず第一に、主と奴の弁証法であり、ないしは、美しき魂と心の法則の弁証法であり、一般的に言えば、どのようにして対象の形成が主体の現実化に従属するのかを我々に理解させてくれることすべてである。

しかしながら、個別と普遍の根底的な同一性というヘーゲルの要請にあってはヘーゲルの天才が推し量られ、そこでは予言的なものがまだ生きているとするならば、その範例を与えているものこそ、精神分析である。精神分析が白日のもとにもたらす構造において、ヘーゲルの言うその同一性が、主体からは分離したものとして、しかも明日を待つことなく、実現しているからである。

ただし次のことを言っておこう。すなわち、我々にとって、個人における全体的なるものへのいかなる依拠にも反対しなければならない理由が、ここにあるのである。と言うのも、主体は、個人にも、また同様に、個人の等価物とされた集合的なるものにも、分割を導入するからである。精神分析とはまさに、個人をも集合体をも蜃気楼の位置へと追いやってしまうもののことに他ならない。

このことはもはや忘れようもないことのように思えるだろう、ただし、このことが忘れられうるものだと教えているのが当の精神分析でなければであるが。そのことを確認してみたければ、ちょうど精神分析家たち自身から、彼らのいう「新傾向」なるものがこの忘却を表わしているということでもって、その確認がやって来ているところである。こういうものが到来するのは、思いのほか正当な理由のある回帰によるのであるが。(訳注12)

確かにヘーゲルは、ある面では、我々分析家の言うところの中立性に、単にぼんやりしているというのとは違う意味を与えるために、ちょうどよいところにまで来ているのだが、だからといって、我々が、ソクラテスの産婆術、つまりはプラトンが描き出している見事な技法的手続きの柔軟性からは何も学ぶところがない、というわけではない。たとえそれが、ソクラテスと彼の欲望を、精神分析家にとって手つかずのままになっている謎として感じ取ったり、プラトンの描いた見張り台との関係から、我々と真理との関係を位置づけたりするだけのことであってもよい。(訳注13) ただしその場合、あらゆるイデアの到来に当たって起こるとプラトンが仮定するに至った想起というものと、(訳注14) キルケゴールのいう反復の中で消尽される存在の徹底枚挙というものとの間の距離を、尊重するような仕方でなされたい。*1 (訳注15)

しかしまた、ソクラテスの対話者と我々の対話者との間にも歴史的な差異があるのであり、その差異がどの程度のものかを感じ取っておくのは無駄ではあるまい。ソクラテスが、奴隷の語らいの中からさえ引き出してこれるような職人的理性に依拠したとき、彼は、本物の主たちをして、彼らの権力に正義を与えたり都市国家の主の言葉を真理としてくれたりする次元の必然性へと、近づかせようとしていたのであった。(訳注16) 一方、我々が関係を持っているのは、自分を主であると思っている奴隷たちに対してである。彼らは、普遍的な使命を持った言語活動を営んでいるということの中に、自分の隷属の支えを見出している。その両義性という紐帯をもってである。そんな具合であるから、ユーモアによって次のように言ってみるのもいいだろう。我々の目的は、彼ら奴隷の中に、君主の自由を回復させてやることであるのだと。その自由を証拠立てているのは、かのハンプティ・ダンプティである。(訳注17) 彼は、アリスに、結局は彼はシニフィアンの主であるということを思い出させる。たとえ彼が、存在がそこでその形をとったようなシニフィエの主ではないとしても。

このようにして我々は、一方では話への、また他方では言語活動への、二重の準拠を常に再発見する。主体から話を引き出すためには、我々は彼の欲望の言語活動へと、すなわち第一の言語活動というべきものの中へと、主体を導き入れる。この言語活動の中で、彼は、自分について我々に語っている事柄の彼方で、既に、知らないうちに、しかも、まずは症状の象徴において、我々に話をしているのである。

精神分析の中で明らかにされる象徴作用において実際に問題になっているのは、取りも直さず、一つの言語活動である。この言語活動は、リヒテンベルクのある警句の中に我々が見出すことができる軽妙な願いに応えるがごとく、どんな他国語の中にも聞き取ることができるような一つの言語としての普遍的な質を備えている。しかし同時にそれは、主体にとって絶対的に個別的でもある。なぜなら、欲望は認められることで初めて人間の欲望となるのであり、そのときに欲望を牛耳っているのが、この言語活動であるからである。

それを第一の言語活動と言うことにしよう。なぜそれを原始言語と言わないのかと言えば、この言語活動の全体像を発見したことでシャンポリオンにたとえられるフロイトが、我々の同時代人の夢の中で、それを完全な形で解説したからである。(訳注18) さらに、この言語活動の本質的な領野は、このフロイトの仕事に最も密接に関係していた先駆者の一人によって、そして、この仕事に新しいものをもたらした数少ない人の一人によって、ある種の権威をもって定義されている。私が言っているのは、アーネスト・ジョーンズのことである。彼は、師フロイトが

＊1　この機会に指摘を充実させた（一九六六年）。ここまでの四つの段落は書き変えられた。

指輪を与えた七人のうちの最後の生き残りであり、国際精神分析協会の名誉ある職が単に形見の品を持っている人に与えられるだけではないということを、身を以て証明している人である。(訳注19)

　象徴作用についての基本文献となる論文の中で、ジョーンズ博士は十五頁あたりで次のような所見を述べている。精神分析が解している通りの意味での象徴は山ほどあるが、そのすべてが、自分の身体、親族関係、誕生、生、死、に関係している。[*2]

　ここで事実として認められているこの真理は、次のことをよく理解させてくれる。すなわち、精神分析的な意味における象徴は、無意識の中に抑圧されたものをいうのではあるが、その象徴それ自体には何も退行や未熟さを示すものはないのである。したがって、それが主体において効果を及ぼすためには、聞く耳を持ってもらえるだけで充分なのである。というのも、そうした効果は、日常生活の経験で認められるように、主体の知らないうちに働いており、正常であれ神経症であれ主体が起こすさまざまな反応を、行為や関係や対象のもつ象徴的意味への主体の応答として、説明してくれているからである。

　精神分析家は、自分の発言がどのような意味論的反響を持ちうるかをしっかり計算すれば、象徴の力を喚起し、使いこなすことができるものであるが、なるほどそれもむべなるかなと言うべきである。

　これは、象徴効果の活用へと立ち戻ることで、新しい解釈技法を開く道だということになろう。

　我々はその途上で、ヒンドゥーの伝統がドゥヴァニ[*3]について教えてくれていることに準拠してもよいだろう。(訳注20)その伝統は、言っていないことを聞かせることができるという、話というものが持っているあの特性を浮かび上がらせているからである。その伝統は、そういった話の特性をある小咄によって描き出している。その小咄はいたって朴訥なものであり、こうした例ではいつも現れるこの朴訥さは、話が隠している真理へと我々を導き入れるに充分なユーモアを示している。

そこではこう書かれている。一人の若い娘が川の畔で恋人を待っている。そのとき彼女は、一人の僧がこちらに歩みを進めてくるのを見た。彼女は彼のところに行って、これ以上はないぐらいに愛想よくはきはきとこう言う。「今日はなんて運がいいんでしょう！　この川辺ではいつもあの犬がいてお坊様に吠えかかっていやがらせていましたけど、もうやってきませんわ。だって、このあたりにはライオンが出るようになって、あの犬めは食べられてしまったんですもの……」(訳注21)

ここでは、ライオンが現れていないことが、フロイトも好んだ、獅子は一度しか起たないという諺に表現されているのと同じほどの、ライオンがいて跳びかかってくるがごとき効果を持つ(訳注22)。

実際、象徴の第一のという性質は、そこからすべての他の数ができているような数に、象徴を近づける。つまり、象徴は言語のあらゆる意義素の基盤にあることになるから、我々は、象徴の相互干渉の慎重な探索によって、話が有している喚起力というものを十全に回復させてやることができることになる。すなわち、ある一つの隠喩の象徴的な遷移が、隠喩が結ぶ言葉たちの第二の意味を次々と中和するのに応じて、その隠喩の糸をたどってゆくことによってである。

この技法を学び修得するためには、一言語の表現力に、とりわけ、その言語の詩的古典のうちに綾成しつつ実

＊2　「象徴作用の理論について」*British Journal of Psychology*, IX. 2.『精神分析論文集』に再録。*Écrits*, p.695以下（訳注23）を参照のこと。

＊3　十世紀のアビナヴァグプタの教説による。カンティ・チャンドラ・パンディー博士の著作『インドの美学』（"Indian aesthetics", *Chowkamba Sanskrit series*, Studies, vol.II, Bénarès, 1950）を参照のこと。

94

現されている表現力に、深く通じておく必要がある。人も知るごとく、フロイトはドイツ文学に通じており、そこには比類無き翻訳によるシェイクスピアの戯曲も含まれていた。[訳注24] フロイトのどの作品をとってもそのことは明らかに見られるし、同時に彼がその発見においてのみならず、その技法においても絶えずそれを参照したということも明らかである。ギリシャ・ローマの古典の知識をふまえることは勿論のことながら、民間伝承の近代的な紹介に耳を傾け、また民族誌学的領域での同時代の人文学の成果にも関心を持ってそれを取り入れようとしていたことがわかる。

分析技法家には、フロイトに従ってこの道を行くどんな試みをも、無駄なことだと思わぬようお願いしたい。しかし、それに逆らう流れがある。その流れの程度を測るには、言葉遣い（*wording*）に、人々がまるで新発見でもあるかのようにへりくだって注目し、その流れにもったいをつけている有り様を見ればいい。言葉遣いというわけは、未だに定義するのもままならないある種の考え方に対して、英語の語形論がなかなか繊細ぶった支えを与えてやっているからである。

繊細ぶるのはいいとして、その定義さえままならない考え方に含まれる代物が、いったいどれだけ励みになるというのだろう。たとえばある著者は、[*4] 患者にずっと同じ抵抗が起こっているのを解釈するに際して、以前に特に深謀遠慮なく（と彼はわざわざ断っているのだが）使っていた愛の要求（*demand for love*）という言葉を使うのと全く同じその場所で、彼の強調するところによると「意識的には前もって熟慮せずに」、愛の欲求（*need for love*）という言葉を使ったところ、今までとは全然違う成功を収めたということに驚嘆したという。この逸話を以て、解釈を自我心理学に準拠させることができることの確証としたいという意向は、論文の題が示す通りであるとしても、それは実は、分析家の自我心理学をやっているだけのことであるように思われる。なぜなら、こうしたもっていき方は、言葉尻を捉えてもごもご言い合うだけの域に彼の実践を追いやってしまいかねないお粗末な英語用法に、振り回されたものだからである。[*5]

それというのも、欲求と要求とは主体にとっては向かい合わせに反対の意味を持つものであって、それらの用法を混同してもよいのだと一瞬であれ思ってしまうようなことがあれば、それは結局、話による召喚を、根本的に見そこなうことに行き着くからである。

というのも、話の象徴化機能において、話はまさに、話を向けられた主体と話を発する主体との間に話が設立する紐帯によって、言い換えれば、シニフィアンの効果の導入によって、話を向けられた主体を変形させずにはおかないからである。

だからこそ我々は、ここでもう一度、言語活動における相互伝達の構造に立ち戻り、言語活動すなわち記号とする誤解を決定的に霧散させなければならないのである。この誤解が、精神分析の領野で、語らいの混乱をも話の不具合をも産み出す元凶となっているからである。

もし、言語活動による相互伝達が信号のようなもので、それによって発信者が受信者に、あるコードを介して何かを知らせるのだと考えられるのであれば、件の「何か」が個人に関わるものであるときに、我々はどんな別の記号にも同じだけの信用かむしろもっと多くの信用を与えない理由はない。言い換えれば、我々は、自然界の記号に近い表現様態を何が何でも選好するということになってしまうわけだ。

＊4　Ernst Kris「精神分析的治療における自我心理学と解釈」*Psychoanalytic Quarterly*, XX, 1, pp.15-29, 1951. 引用部分はpp. 27-28。

＊5　この段落は書き直された（一九六六年）。

かくして、話の技法についての不信が我々のもとにやってきたし、我々は、身振りとか、しかめ面とか、態度とか、表情とか、動きとか、震えとか、何というか、普段の動きを少しでも中断するようなものがあれば、敏感さを発揮して細大漏らさずキャッチしようと身構えていることになる。そして、ついには犬を放って嗅ぎ回らせるところまで我々が行ってしまうのを押しとどめてくれるものは何もなくなる。

記号としての言語活動というこの考えの論拠薄弱さを、我々は、動物界で最もよくそれを例示している現象によって示してみよう。この現象については、もしそれが最近正統的な発見の対象になったものでなかったとしたら、この目的のために作り出したに違いないと見えるほどだ。

今や皆が認めているように、収穫物を見つける飛行から巣に帰ってきた蜂は、二種類のダンスによって、収穫物が近くにある、または遠くにあるということを示す指標を、仲間たちに伝える。遠くにある場合のダンスの方が、より目立ったものである。蜂は8の字型の曲線を描いて飛び、それゆえそこには、8の字ダンス（*wagging dance*）の異名が与えられているのである。この曲線が描かれる平面と、一定時間の間に蜂がこの曲線を描ききる回数は、太陽の傾きの関数として決定される方向を正確に指し示している（太陽の傾きについて言えば、蜂はどんな天候でも、偏光への感受性を持つがゆえに、自分の位置をその傾きとの関係で知ることができる）。そしてまた、この平面と回数は、収穫物がどれだけの距離にあるのかということをも、数キロメートルの範囲まで指し示すことができる。このメッセージに対して他の蜂たちは、この方法で指し示された地点に向かって即座に飛び立つことによって応える。

十年ほどにわたる根気よい観察の結果、カール・フォン・フリッシュ(訳注25)は、このメッセージの様式を解読することに成功した。と言うのも、まさにこれはコード、あるいは、信号化の体系であったからである。これは種属によって決められているものであり、その一事によって、我々は、これを慣用的と形容することを禁じられる。それにしてもこれは、言語活動なのだろうか？　この蜂の活動は、記号と、記号が示している現実とが、固定的な相関を結んでいるというまさにそのことによって、言語活動から区別される。というのは、言語活動というものにおいては、記号は、記号同士の関係によって、すなわち、意義素の語彙的分配において、そしてまた、形態素の位置的ないし屈折的用法において、その価値を得ており、ここに見たようなコード化の固定性の働きとは、対比をなしているからである。そしてこの点に照らしてこそ、人間の言語にこれほど多様性があるということの十全な価値が明らかになってくるのである。

さらに言えば、ここで描かれた様式のメッセージは、確かに仲間（*socius*）の行動を規定しているとは言っても、そのメッセージが、その仲間によって、再び伝達されることはないのである。このことが意味するのは、メッセージが、行動のリレー機能に固定されたままになっているということである。そして、そこからメッセージを引きはがして、相互伝達それ自体の象徴とするような主体はここにはいないのである。*6

言語活動が表出される際の形式それ自身が、主体性を定義する。言語活動は次のように言う、「君はこっちへ行け、そうすればこれこれのものが見えてくるから、君はそっちへ行け」、言い換えれば、言語活動は、(訳注26)他者の語ら

---

*6　話（parole）とは、「傍らの行動」であるとする理論を正当化しようとしてリトレを探索し、確かにリトレではパラボレー（*parabolê*）というギリシャ語に、「傍らの行動」（しかしどうして「どこそこへ向かっての行動」ではないのだろう？）という訳を当てている(訳注27)ということを見出し、ところがしかし、この語が現在のような意味で使われているのは、十世紀から、言葉《ヴェルブ》という語を、受肉した言《ロゴス》のために、教会の説教が取り置いたからである、ということを見逃し、それでもなお、ここに述べたことに聞く耳をもってくれるような人のために、このことは役に立ってくれるであろう(訳注28)。

いを参照しながら進むのだ。言語活動はまるごと、話の最も高い機能に含み込まれているのである。というのも、話の最も高い機能というのは、言語活動の受信者に新しい現実を割り当てることによって、言語活動の発信者を道連れにするということだからである。例を挙げるなら、「おまえは俺の女《ファム》だ」と言う主体が、配偶者の位置に蠟づけされるときのように。(訳注29)

このようなものが、人間の話の本質的形式である。人間のあらゆる話がここへと辿り着くからと言うよりもむしろ、人間のあらゆる話がここから派生してくるからである。

だからこそ、我々の聴衆の中でも最も鋭敏な人の一人が、我々への反論のつもりで指摘してみせたような逆説も生じたのだった。それは、我々が、分析は弁証法であるという我々の見方を知らしめようとし始めていたときのことであった。その逆説を、その人は次のように定式化した。ということなら、人間の言語活動は、発信者が受信者から、発信者自身のメッセージを裏返した形で受け取るような、一つの相互伝達だと言ってもいいことになるではないか、と。この定式は、そこに我々が我々自身の思考の刻印を再認して、反対者の口から取り戻せばいいものだった。我々自身の思考というのはこうであった。すなわち、話は常に主体にとって話への答えを包含しているということ、また、「おまえが私を見いださなかったならば、おまえは私をたずねなかったであろう」という言葉(訳注30)はまさにこの真理を認証してくれているということ、さらに、パラノイア的な承認拒否においては、人には言えない感情が、迫害されているという「解釈」の中に、否定的言語化という形で浮上してくる理由もまた、ここにあるということである。

また、あなたと同じ言語活動を話す人にたまたま出会って、ああよかったと喜ぶ場合、あなたは、誰もがするような語らいの中で彼と出会ったのではなくて、自分が個別的な話によって彼と結ばれているのだと言いたくなるであろう。

このように、話と言語活動の関係に内在する二律背反が認められる。言語活動が機能的になればなるほど、それは話には適さなくなる。そして、我々ひとりひとりにとって個別的なものになってしまえば、言語活動は言語活動としての機能を失う。

秘密の名前を用いる、原始的諸民族の伝統が知られている。そこでの主体は、自分という人物や自分の神々を、その名前で同定しており、その名を明かしてしまうことが、自らを失ったり神々を裏切ったりすることになるほどである。そして、我々の精神分析における主体の打ち明け話、あるいは我々自身の思い出を振り返ってみると、子どもたちはまれならず、この秘密の名前の用法をひとりでに再発見するものであることがわかる。

結局、何らかの言語活動を取り上げてみると、話としてのその価値は、その言語活動が引き受けている「我々」と呼ばれるような間主体性によって測られる。

それとは逆向きの二律背反もある。言語活動の役目が中性化していって情報と呼ばれるものに近づいて行けば行くほど、言語活動には冗長度が高まっていく、ということが見られるのである。この冗長度という概念は、利益が絡むだけになかなかしっかり厳密化された研究にその端緒を持っており、その研究は、長距離通話《コミュニケーション》に関係した、言い換えれば、単一の電話線に数組の会話を通すという可能性に関係した経済的問題から、その駆動力を受け取っている。実際に必要な相互伝達《コミュニケーション》が行なわれるためには、音声媒体の少なからぬ部分が余分であるということが、この概念でもって確認されている。

これは我々にとって、きわめて示唆に富んでいる。[*7] なぜなら、情報にとっての冗長度は、ちょうど、話の中で共鳴の役割を果たすものに相当するからである。

というのも、言語活動の機能は、話においては、知らせることではなくて、むしろ喚起することであるのだから。私が話のうちに探すもの、それは、他者の答えである。私を主体として構成するもの、それは私の問いである。他者によって承認してもらうために、私は、ただただ、在るだろうところのものを見越しつつ、在ったところのものを口にする。他者を見出すために、私は彼を、私に答えるに当たって、彼が引き受けるか拒むかせざるをえないような名で呼ぶ。

私は言語活動の中で私を同定するが、それはそこで、対象として見失われることによってでしかない。私の歴史の中で実現する事柄は、それがもはや在りはしないから過去のものだという意味での定過去(訳注31)ではなく、さらには、私が今在る事の中に引き継がれているかつて在った事という意味での完了態でもなく、むしろ、私が今成りつつある事との関係から見て、私が将来どのようなものに成っているかという意味での、前未来なのである。

私が他者に問いかけるために他者の面前に今自分を置いているのだとすれば、どんなサイバネティクス装置であれ、想像できる限り立派な装置であったところで、それが返してくる反応《レアクシオン》は、答え《レポンス》と呼べるものではありえない。答え《レポンス》とは刺激―反応《レポンス》回路の第二項であると定義してみても(訳注32)、その定義は単に、動物に主体性があるという押しつけによって支えられた隠喩に過ぎないのであって、この隠喩は、押しつけたはずの主体性をたちまち消し去って、物理的図式の中に埋没させているのである。こういう成り行きは、我々が、兎を帽子に入れてまた出す手口と呼んだものである。どうしたって、反応《レアクシオン》は、答え《レポンス》ではない。

私が電気のボタンを押して光がつくとき、それはまさに、私の欲望に対する答え《レポンス》である。もし、同じ結果を得るために、どのように配されているのかがわからない連結システムの全体を試してみなければならないとしても、私が待っているのでなければ、そもそも問いそのものがない。そして私が確かな手つきでこのシステムを操作するための充分な知識を手に入れることになったときには、もはや、問いはなくなっている。

けれども、私が自分の話しかける相手を、何であれ私がその相手に与えている名で呼ぶときには、私は彼に、主体の機能を言渡《ことわた》したのであり、たとえその機能を拒否するためにであれ、私に答えるために彼はそれを身につけなければならない。

そのときに、私自身の答え《レポンス》の決定的な機能が現れる。この機能は、単に、主体の語らいに対してのいわゆる諾否として主体によって受け取られるということではなくて、真に、主体を主体として承認するか廃棄するかということなのである。分析家は、話を以て介入するたびに、このような答える責任《レスポンサビリテ》を果たすことになる。

そう言えば、エドワード・グラヴァー氏が注目すべき論文[*8]の中で提起した、不正確な解釈が治療的効果を持つのはなぜかという問題であるが、彼はこれを、正確かどうかということが背景に退いてしまうような結論へともたらした。つまり、話されたどのような介入も、主体にとって、主体の構造との関係で受け取られるばかりでな

＊7（99頁）どの国語においても、その国語に特有な伝達の形態がある、そして、これらの研究の正統性は、それらが成功を収めたということに基づいているのであるから、その正統性を道徳主義的な用法で用いることも禁じられているわけではない。たとえば、我々がまえおきのエピグラフとして取り上げた文で考えてみよう。その文の文体は、そこに含まれる煩わしい冗長度のために、平板に見えるだろう。しかし、その冗長度を、この文章から取り去ってみてほしい。そうすれば、この文の頑固さがそれにふさわしい熱狂を盛り上げてくれるだろう。それではお聞きいただきたい。「自然内胎生心理学臨床切離学問一存在神経生物範囲人間形容付加」（訳注33）。これでこそ、この文のメッセージの純粋さがよく出てきたというものだ。意味はこうして頭を擡げ、存在は果敢に主張され、我々の征服者魂の不滅の刻印は、将来にまで語り継がれるわけだ。

＊8　Edward Glover「不正確な解釈による治療的効果——暗示理論への一寄与——」*International Journal of Psycho-Analysis*, XII, No.4, pp.397-411, 1931.

く、その形式のゆえに、主体において構造化する機能を果たすということである。またそれゆえ、精神分析的でない精神療法、とりわけよくあるのは、医学的な「処方」が、お手のものとして行なってきた方法は、強迫神経症的な暗示システムとか、恐怖症的次元のヒステリー的暗示とか、迫害しながらの支持とか呼びうるような種類の介入になってしまうのであるが(訳注34)、それというのも、これらのそれぞれが、主体が自らの現実を誤認しているのに対して裁可を与えてしまうという性質を持つからである。

話というものは、まさしく言語活動からの贈与である。そして言語活動はといえば、非物質的ではない。言語活動は、微細身(訳注35)であるが、微細身といえども身体である。主体を虜にしているあらゆる身体心像《イマージュ》のうちには、諸々の語たちが、取り込まれている。それらの語たちは、ヒステリー者を孕ませ、ペニス羨望の対象に同一化されていたりもする。さらには、尿道期的野望としての尿の流れを、あるいは、強突張《ごうつくば》りの享楽として便秘された排泄物を、代表象することもある。

それどころか、諸々の語たちは、みずから象徴的な傷を身に受けて、患者を主体とする想像的行為を完遂したりすることもできるのだ。あのヴェスペ（*Wespe*）（スズメバチ）が、語頭のWを去勢されて、狼男のイニシャルそのままのエスペ（S・P）となったということを思い出していただきたい。まさにこのとき、狼男は、自分がグルーシャつまりスズメバチからの、象徴的懲罰の対象となっていたということを現実化していたわけである(訳注36)。

字と言えば、次のことも思い出される。鼠男は二つの言葉を呼び出しそれらを縮合してあの錬金術的呪文を作ったが、フロイトがその呪文から鼠男の愛する人の名のアナグラムを抽出したあとにも、Sという字が余りとして取り残される。そしてこのSは、彼の呪文の後部を成すアーメンにひっついて、この女性の名を彼の不能なる欲望の象徴的放出によって永遠に浸しつづけているのである(訳注37)。

また同様に、アブラハムの創発的な考察に触発された、ローベルト・フリースの論文[＊9][訳注38]が我々に示しているところによれば、そのときどきの分析の関係に規定されつつ、性源泉が身体心像《イマージュ》の中を遷移し、これに従って語らいは全体として性愛化の対象となっていく。

こういう場合、語らいが、ファルス―尿道的、性愛―肛門的、ないし、サディズム―口唇的な機能を帯びる。注目すべきは、この論文の著者が、こうした語らいの性愛化の効果をまさに主体の沈黙のうちに読み取っていることである。沈黙は、主体がこのような性愛化からの満足をなんとか制止しようとしていることを物語るのである。

こうして、話が、主体の中で、想像的ないしは現実的な対象となってしまい、そのようなものとして、話は、言語活動の機能を、一つならざる位相のもとに、呑み込んでしまうことがあり得る。このようなとき我々は、話を、それが顕わす抵抗という括弧の中に放り込んでおくことにするだろう。

しかし、そのようにするからといって、話を分析関係からはじき出そうというのではない。というのは、分析関係は、そのようにされれば、その存在意義すら失ってしまうことになるだろうから。

分析がその目標としているのは、ただひとえに、真の話の到来、ならびに、主体が一つの未来への己れの関係の中で己れの歴史を実現するということである。

こうした弁証法の維持は、分析におけるどのような客観主義的方向づけにも逆らう。この必然性をはっきり心に留めておくことは非常に重要であって、そうしておけば、分析の中に出てきた新しい諸傾向の逸脱ぶりはおのずから見破られることになる。

＊9　Robert Fliess「沈黙そして言語化――「分析の規則」の理論への補遺」――*International Journal of Psycho-Analysis*, XXX, No.1, pp.21-30, 1949.

我々はここで、フロイトへの回帰という言い方によって、また、せっかく鼠男の症例観察を活用し始めたばかりであるから、やはりこの観察を生かして、このような我々の立場をさらに描写していくことにしよう。

フロイトは、主体の真理へと到達するということが問題になっているときには、諸々の事実の厳密さには鷹揚《おうよう》と言ってよいほどになる。あるときには彼は、母親から鼠男にもたらされた結婚話が彼の神経症の今回の病相の起源において果たしていた決定的な役割を、看取する。既に我々がセミネールで示しておいたことだが、フロイトの頭にこのことがひらめいたのは、彼の個人的な経験ゆえのことであった(訳注39)。それでも彼は、そこからくる神経症という結果を、次のように解釈して患者に告げるのをためらわなかった。すなわち、神経症は、彼の想い人とのつながりを、患者の死んだ父親が禁止していることの結果である、と。

このことは、事実関係として不正確なだけではない。心理学的にも、不正確である。というのは、体系化されているようにさえ見える執拗さでフロイトが主張している、父による去勢の行為は、この症例の場合には、背景的な役割しか果たしていなかったからである。しかし弁証法的関係に対するフロイトの統合知たるや、まさに、この瞬間に行なわれたフロイトの解釈によって、患者を亡父と理想的恋人の両方に同時にナルシス的に結びつけていた死に至る象徴が決定的に解除されてしまうほど、正確であった。この二つの心像《イマージュ》は、強迫神経症者に特徴的な等値関係のうちに維持されていた。一つの心像《イマージュ》は、それを永続化させる幻影的攻撃性によって、もう一つの心像《イマージュ》は、それを偶像へと変形させる苦行的礼拝によって。

同様に、フロイトが目標に到達したのは、患者が、徒労に終わらざるをえない返済のシナリオによって、強迫的負債*10からの圧力を無理矢理に主体化しようとしていたことを認めることによってであった。このシナリオは、この負債の想像的な結末をあまりにも完全に表現するものであったがために、患者には、それを実現にもたらそうとすることさえできていなかった。患者は、妄想の域に接するまで、その負債の圧力を、そのシナリオの中で演じていたのである。すなわち、父親の無神経さの歴史、つまり、母親との結婚、「貧しいが美しい」娘、破れた恋、奇特な友達への忘恩の記憶、などの歴史の中に、埋め合わせることの不可能な象徴的負債という開口部を、まさに彼の誕生のときに運命が定めた布置とともに、彼に再発見させることによって、フロイトは目標に到達したのであった。患者の神経症は、その象徴的負債への支払拒絶証書となっていたのである。

しかしフロイトがここで、なにやら起源にあった「恐怖」といった品のない亡霊の力を借りたり、安易にマゾヒズムを掻き立てたりして患者を自分の方針に従わせるようなことをした形跡は、みじんもない。ましてや、ある種の人々たちが喧伝している防衛の分析という名の方法などは、強迫的な対抗的促成栽培であって、論外である。私が他のところで示しておいたことであるが、抵抗というものは、分析の語らいが進展していく方向に沿って、できるだけ長い間活用される。そして、抵抗に終わりをもたらさなければならないときが来たならば、そうできるのは、抵抗に道を譲ってやることによってである。

というのは、このようにしてこそ、やがて鼠男は、転移の形のもとに、己れの主体性の中に本物の媒介を導き入れることになったのであるから。その媒介というのは、鼠男が、フロイトの娘であると思い込んだある女性である。彼は、フロイトが彼女を自分にくれるだろうと、想像したのである。そしてこの娘は、鍵となる彼の夢の中で、その真の相貌を露わにした。すなわち、タールでできた眼で彼を見つめる死の顔であった(訳注40)。

そしてまた、たとえ、主体における隷属の巧緻がその役目をこの象徴的契約とともに終えたとしても、現実が

＊10　これは、我々にとっては、強迫的恐怖（*Zwangsbefürchtung*）と等価である。このドイツ語は、ドイツ語の意味論的源泉を何も損なうことなく、分解しなければならない（訳注41）。

この婚約を満たさないで放っておくということはなかったのである。そして、フロイトは、一九二三年に、この若者への墓碑銘とも言える注を付け、この若者は戦争の危険の中で、「我々が希望を託していた多くの有為なる若者と同じ人生の最期を迎えた」と書いたのだが(訳注42)、この注は、この事例を運命の厳格さとともに終結させることによって、それを悲劇の美にまで高めている。

分析の中で、どのように主体に応えるのがよいかを知るためには、まず、主体の自我（*ego*）、つまり、言語的な核からできた自我としてフロイトが自ら定義したあの自我が、どの場所に在るのかを認識することがその方法である、言い換えれば、誰によって誰のために主体が己れの問いを立てているのかを知ることである。そのことを知らないでいれば、我々は、そこに認められるべく存在している欲望について、またその欲望が向けられている対象について、思い違いをする危険を冒すことになる。

この対象を、ヒステリー患者は、凝った仕掛けの中に籠絡しており、そして患者の自我は第三者のうちにあって、この第三者を媒体として主体はその対象を享楽する。その対象の中には、主体の問いが具体化している。強迫神経症患者は、彼のナルシシズムの檻の中に対象を引きずり込む。そこで主体の問いは、死にまつわる人物像たちの増殖したアリバイのうちで反響する。そして彼は、それらの像たちの空中曲芸を調教して、自分自身がその場を占めている桟敷席、つまり、見えない主《あるじ》の桟敷席へと、あいまいなる讃辞を向けているのである。

各人の快楽は各人を導く(訳注43)。ある者は見せ物に同一化し、他の者は見せ物を出す。

見せ物に同一化する主体については、あなたがたは、彼の行動がどこに位置しているのかを彼に認識してもらわねばならない。彼の行動には、アクティング・アウトという言葉が、文字通り意味を持つ。というのも、彼は、自らの外側で行動するからである。見せ物を出す主体については、あなたがたは、彼の舞台からは見えていない観客の中に、自分自身を認めてもらえるようにしなければならない。その観客へと、主体は、死という媒介によって結びつけられている。

こうして、主体を疎外から解き放つために語らいの意味を理解しなければならないとしたら、それは常に、主体の自我（moi）と主体の語らいの中の私（je）との関係においてである。

しかし、もしあなたがたが、主体の自我（moi）は、あなたがたの前にいてあなたがたに話しかけている者と同一であるという観念に固執するならば、あなたがたはその目標に到達することはできないだろう。

この種の誤りは、客観化しようとする思考をどうしても誘ってしまうことになるあの局所論の術語群によって助長されている。このことのために、知覚—意識系すなわち主体の客観化作用の系として定義された自我（moi）は、さらに進んで、絶対的現実に相関するものとしての自我（moi）にまでずれていってしまい、再びそこには「現実機能」が見出されることになった。(訳注44) これは奇妙な、心理学者の思想からの、抑圧されたものの回帰と言える。かつてピエール・ジャネは、この機能の周りに自身の諸概念を組み立てたのであった。

こうした横滑りは、フロイトの著作においては、自我（*ego*）、イド（*id*）、超自我（*superego*）という局所論が、フロイトのメタサイコロジーに従属したものであるということを、人が充分認識していなかったがために起こったものである。フロイトは同時期にメタサイコロジーの諸辞項を提唱しており、メタサイコロジー抜きでは局所論は意味を失う。(訳注45) そうやって人々は心理学的整形外科学に勤しむようになったわけで、今も相変わらず、そこから果実を受け取る人たちがいる。

マイケル・バリントは、分析についての新たな考え方とやらの形成期に、理論と技法の錯綜した結末を、大変見通しのよいやり方で分析してみせたが、彼がこの錯綜状態からの出口として見つけた最良のものはと言えば、リックマン(訳注46)から借りたいわゆる二体心理学の到来(訳注47)という標語でしかなかったのである。

実際、よく言ったものである。これによって分析は、その間で幻影的な伝達が打ち立てられるような、二つの身体の関係になる。その関係の中で、分析家は主体に、自らを対象として把握するように教える。主体性は、錯覚という括弧付きでしかその関係に入れてもらえないし、生きた体験を追い求めるという至高の目的の前に、話すということははじき出されてしまう。そのわりには、そこから現れるのは、精神分析家の側の主体性があらゆる拘束から解き放たれ《デリブレ》て、主体の側は彼の話を御託宣のように受け取ってそこに委ねられ《リブレ》てしまうという、弁証法的に必然の結果でしかない。

主体内的な局所論はいったん実体化されてしまうと、そこに居合わせる主体たちの間での作業の分割として現れる。すると、フロイトの定式をねじまげた、イド（*id*）のものはすべて自我（*ego*）のものにならなければならないという論法が、神秘の衣を脱いだとでも言うかのように登場する。このような次第で、主体はいわば単にそれ（**cela**）と呼ばれるだけのものと化して、何らかの自我（*ego*）なるものに自分を合わせなければならなくなる。分析家は、その自我（*ego*）と同盟を組むのだ、などとおっしゃるが、確かに造作もないことだろう、それというのも、そもそもこの自我（*ego*）とは、実のところ、分析家自身の自我（*ego*）なのだから。

手を変え品を変え言われてきた、分析における自我（*ego*）の分裂（*splitting*）という理論的定式化の中で表出されているのも、結局はこのような過程なのである。主体の自我（*ego*）の半分が、被分析者と分析家を隔てる壁の向こう側に移行し、次に半分の半分が移行し、こうして漸近線のように行列は続いていくが、自分自身について主体が到り着いた憶見の中をこの行列がどれほど進んでみたところで、この行列は結局は余りを消し去るに至れず、主体はその余りを足場にまたもや分析の逸脱へと舞い戻っていくことになるのである。

それにしても、主体による定式化はすべて防衛システムなのだという原理は、分析の対話法の方向づけをすっかり失わせてしまうことになるわけで、こんな原理を軸に据えた分析の中の主体は、そんな無方向性に対してどのように防衛することができるというのだろう。

フロイトの解釈の手続きが対話法的であるということは、ドーラ症例の観察(訳注48)の中にはっきりと現れているのであるが、そこにはこのような危険はみじんもない。なぜならば、精神分析家がその予断（それは分析家の対抗転移のことであるが、我々としてはこの言葉を、誤謬を産み出す対話法上のさまざまな理由の一つという以上に意味を広げずに正しく使っておこうと思う）のために解釈による介入の道を誤ったときには、分析家は即座に負の転移を蒙ることによってその代価を支払うからである。というのも、分析が既にしかるべき認識の中へと十分に主体を呼び込んでおいておれば、負の転移の現れもそれだけ強力になり、通例そこで治療関係は中断してしまうからである。

まさにこれが、ドーラ症例で起こったことだった。その理由は、フロイトがドーラに、隠された彼女の対象を認識させようとしたその情熱にあった。その対象がK氏という人物の中にあるということがフロイトの見立てであったが、彼は対抗転移という構成的な予断によって、彼女の幸福の約束をこの人物の中に見るように導かれてしまったのだった。

なるほど、ドーラとてやはり、K氏との関係の中で自ら欺かれていた。しかし、だからといって、ドーラは、フロイトが自分と同じように欺かれていたということに、ありありと気がつかなかったわけではない。彼女は、十五ヵ月ののちフロイトに再び会いにきた。この期間には、彼女の「了解するための時間」の運命数が書き込まれている。しかし、ここで我々は、彼女が、ふりをしていたというふりをするという道に入り込み始めたことを感じ取る。このふりの二乗が、フロイトが確かにそれなりに正確にではあるが真の出所を認識することなく彼女に帰した攻撃的意図に重なり合うと、間主体的共謀の下図が我々の目の前に描き出され始める。この共謀は、あの「抵抗分析」の手にかかれば、ここぞとばかりに二人の間に定着させられてしまったことだろう。我々に今、技法的進歩の名のもとに提供されている手段によって、人間的誤謬は、まちがいなく、延びに延びて限界を越えて悪魔的なるものと化していたことだろう。

こうしたことすべては、我々が独自に考えついたわけではない。フロイトは自ら、事後的に、先入観による自分の治療の失敗の源がどこにあったかを認めている。それは、当時フロイト自身が、ヒステリー患者の欲望の目指している対象の同性愛的位置取りについて、認識できていなかったことであった。(訳注49)

精神分析のこの現代的傾向へ至る推移がどこから始まったかと言えば、何をおいてもまず、分析家自身が自らの話によってもたらされる奇跡に対して、良心の咎めを感じたところからであろう。分析家は象徴を解釈する、するとどうだ、主体の肉体のうちに苦悩の文字として象徴を刻み込んでいた症状が、消えていくではないか。このようなものは魔術であるからして我々の良俗に馴染まぬ。学者である我々が、魔術を実践としてよしとするわけにはゆかぬ。魔術的思考というものは、患者の側にのみあるものとして、我々は魔術から距離をとったはずである。やがて我々は、患者に向かって、レヴィ＝ブリュールによる福音書(訳注50)を説き聞かせるようになるだろう。そのときが来るのを待ちながら、我々は再び考える人としての務めに立ち戻り、自分と患者たちとの間にしかるべき距離を打ち立て直してきた。このしかるべき距離という伝統を、我々は少々性急に見放していたというわけだ。その伝統は、高みにおわす自分たちに較べてヒステリー患者がいかに矮小なる能力しか持たぬかを述べたピエール・ジャネの書物の中に、あれほど有難くも畏くも表現されていたというのに。そうしたあわれな患者について語りつつジャネは我々にかく吐露しておられる。「彼女はおよそ科学なるものがわかっておらぬ、科学に人が興味を示すなどということが彼女には想像もできぬ。……彼女らの、言ってみればとても素朴な嘘に憤激することなく、彼女らの思考を特徴づけている統制の無さに思いを致してみるならば、そこにはなおもまだこれほどの率直さが含まれているということの方に我々は驚くべきである(訳注51)、云々」。

この一節は、ジャネの時代と我々の時代との間に何が起こったかを理解させてくれる。この一節は、恩着せがましく「患者の言語活動」に合わせて患者に話しかけてあげるのだとのたまうような、我々の時代の多くのああいった分析家たちに度々起こってくる感情を代弁している。到底ありえないが、もしフロイトが、こんなものに同意してしまっていたとするならば、初期の彼の患者の物語に含まれている真理をあのように聴き取ることがどうしてできたであろうか、あるいはまた、シュレーバーの妄想のような暗がりの世界をあのように解読して、それを永遠に象徴につながれた人間の在り方というところにまで敷衍することが、どうしてできたであろうか。

我々の理性は、学者的談論に耽るときと、象徴的対象の最初の交換をするときとでは、同じ理性として自らを承認することができないほどに、また、理性に元来備わった狡智(訳注52)を変わらぬ尺度としてそこで見出すことができないほどに、虚弱になってしまっているのであろうか？

先ほどジャネはヒステリー患者の「思考」と述べていたが、いったいその思考とはどのようなものなのかということを察するにあたり、思考の仕事とは、行動の等価物に近いというよりも、むしろ体内的エロティシズムに近いものであるという経験を持った実践家たちに(訳注53)、再びお出ましいただくべきだろうか。

それとも、現にあなたがたに話しているこの者が、彼が目下、話について話しているのは、一つの話の技法を我々が共有している限りでのことだということを、あなたがたに理解していただくためには、彼としては思考に頼る必要などないと、あなたがたに証言しなければならないのだろうか。その話の技法が、彼があなたがたに話しているときに、あなたがたをして彼に耳を傾けさせており、かつ、彼をして、その話を何も理解しない人々に対しても、あなたがたを通じて話しかけるように仕向けているというのに。

確かに我々は、語らいの穴たちの中に住まいする言われざるものに向かって、耳を傾けなければならないが、それでもこの言われざるものは、あたかも壁の向こう側からのノックのようにその内容が聞き分けられるという底のものではあるまい。

というのは、もし人が自慢げにおっしゃるように、これからはこのノックの音だけを相手にすればよいというのだとしたら、そもそも我々は、それまではこの音の意味を解読するのに最も好適とは言えない条件にわざわざ身を置いていたということを認めなければならない。厚顔にもその意味を理解したとのたまうのでもなければ、それ自体言語活動ではないものを、どうやって翻訳するなどと言えようか？　その理解なるものは結局主体の手柄にしてあげなければいけないのだから、我々はそうして主体を呼び出さざるをえなくなるので、我々は主体に、我々と一緒に賭けに参加してもらうことになる。この賭けは、我々は共にその意味を理解しているということに賭けることであり、一緒に得をしましょうとお誘いするようなものだ。このような遣り取りを続けるうち、主体の方もだんだんと調子づいてくるが、これはもう押しも押されぬ暗示の形態である。つまり、どの暗示でもそうだが、どこで誰が采配を振るっているのだかはもうわからないのである。この調子でゆくと、行き着く先はどつぼだということは、ほとんど確実だと認められているところである。*11

この極端にまで至る道の上で、問いが投げかけられる。精神分析は、分析家の非行動性が主体の語らいを彼の真理の実現へと導いていくような、弁証法的関係に踏み留まるのか、それとも、「二つの深淵が」触れ合うことなく「こすれ合」って、あらゆる調子の想像的な退行を閲して消尽するに至るような、幻想の関係へと還元されることになるのか、と。この幻想の関係は、実に、心理学的試練の至高の境地にまでもたらされた、一種のバンドリング（*bundling*）[*12]に他ならない（訳注54）。

実際、我々をして、言語活動の壁の彼方に主体の現実性を追い求めようとさせるこうした錯覚は、我々分析家の中に既に主体の真理が与えられて在ると信じる主体の錯覚と同じものである。つまり、主体は、我々があらかじめその真理を識っていると信じる。だからこそ、我々が主体を客体化するような介入を行なってしまっても、主体はやすやすとそれを飲み込んでしまうのである。

なるほど、主体の方から言えば、この主体の誤りに関しては、主体はその責を負う必要はないのである。この誤りは、主体の語らいのうちではっきり言われていようといなかろうと、主体が分析の中に入ったということ、そして分析の原理的契約を結んだということの中に、既に内在的に含まれているからである。この契機の主体性を、我々は無視することはできまい。この契機のうちに、転移を構成する効果と呼びうるものの理由が見出されるのであるから、なおさらである。そうした構成的効果は、そのあとに続く構成された効果からは、現実性という指標によって区別される[*13]。

---

*11　ここまでの二段落は書き変えられた（一九六六年）。

*12　この言葉は、ケルト起源の、そしてアメリカの聖書主義のセクトでまだ行なわれている風習を言う。婚約者たちが、あるいは家の娘と同室になった客が、共に服をまとって身を守ったままという条件で、一緒のベッドに寝てもよいということにされる。この語のもとの意味は、若い娘は通例シーツにくるまれているということから来ている。（クウィンシー Quincey がこれについて述べている、また、オラン・ル・ジューヌ Aurand le Jeune の、アーミッシュのセクトにおけるこの風習についての本を参照のこと。）同じような具合に、トリスタンとイゾルデの神話、あるいは、それが表現している観念複合も、本能的幻想を薄めて神秘的結婚へと約束された魂といったようなものを求めたがる精神分析家に、手を貸した。

思い起こせば、フロイトは、転移において報告される感情に触れて、その中に現実性の要素を見分けるべきであると主張していた。そして、こうした感情は単に神経症の転移性反復であるとして主体を一律に説得しようとするのは、主体の従順さを濫用することになると見て取った。そしてむしろ、これらの現実の感情は一次的なものとして現れるのに、我々の人柄の独自の魅力は単にその場の偶有的な要素に過ぎないのであるから、ここには何か神秘のようなものがあるかに見えるとした。(訳注55)

しかし、この神秘は、主体が真理の探究のうちで構成されるものであるという意味において、主体の現象学の中でそれを眺めてみることによって晴らされる。ここで、仏教徒たちが我々にもたらしてくれる伝統的な所与——それらをもたらすのは仏教徒だけではないが——に頼ってみるだけで、実存に固有の誤謬を、転移というこの形態において認識することができる。仏教徒は、その誤謬を次のように三つ挙げている。すなわち、愛、憎、そして無知である。(訳注56) これらのものが等価であることを、我々は、初めはいわゆる陽性転移から始まる経験の中で、分析の運動の逆‐効果のように理解する。これら三つのうちの三番目のものは、主体からの距離があまりに近いために、一般的には省かれてしまっているわけだが、もし我々がこの省略をしなければ、三つのそれぞれは、この実存的側面のもとで、互いに他の二つから解明されるのである。

分析における本能の働きに常軌を逸した対象化を施したある論文（もうさんざん引用しておいたが）があって、ある人が、その論文の示しているあまりの節度の無さを罵る際に、その節度の無さの目撃証人として私を呼び出したことを思い出す。その人は、現実的なという言葉をその際用いたのだが、その適合的な用法は私に負うところが多いということは、誰もが認めるところであろう。実際その人は、よく言われるように「これで心が楽になった」と言って、次のように述べた。曰く、「何であれ現実的なものが治療の中で起こるものだと我々に信じ込ませようとするまやかしが終わるときがいよいよやってきた」。その後どうなったかは言わぬが花というものだ、悲しいことに、聖書の言っているような犬の食い意地の汚さ(訳注57)を分析が治してやらなかったと見えて、あの犬の状態は、前よりさらに悪くなっている。つまり、犬は、他人たちの吐物までもがつがつと食べるようになってしまった。

その毒舌は的外れではなかった。というのも、分析の中ではまだきちんと活用されていない基本的な領域の区別をはっきりしておいてもらいたいと、それは願うものだったからである。あれ以来(訳注58)私は、その区別の基礎を、象徴界、想像界、そして現実界という用語で提示しつづけている。

分析経験における現実性は、実際しばしば否定的な諸形式のもとで隠されたままになっている。しかし、その場所を確定するのは、あまりにも難儀だというわけではない。

現実性は、たとえば、我々が通例さまざまな積極介入として厳しく戒めているものの中で出会われる。しかし、現実性の限界をそこで定義するならば、それは間違いである。

なぜなら、他方で、分析家の禁欲、つまり、答えることへの拒否が、分析における現実性の一要素であることは明白だからである。より厳密に言えば、この純粋な否定性、すなわちどのような個別的な動機からも遠ざかった否定性のうちにこそ、象徴界と現実界の間の接合部がある。それがどういうことかは、次のことから理解される。すなわち、分析家のこの非行動は、あらゆる現実的なものは理性的(訳注59)であるという原理によって明確化された我々の知に基づいており、また、その尺度を再び見つけ出すのは主体自身の役目であるという、それに続く動機にも基づいているということである。

＊13（113頁）　我々はこの後(訳注60)、転移の支えであるようなもの、つまり、知っているはずの主体を名指ししたが、このあたりではそれの定義がなされていることがおわかりになるだろう（一九六六年）。

それでもやはり、このような禁慾は、無際限に維持されるわけではない。主体の問いが真の話の形をとったときには、我々は、それを、我々の答えで裁可する。しかし、我々はまた、真の話は既にその中に話への答えを含んでいるということを示してきた。(訳注61)我々はただ、その交唱に我々の短詩を重ね合わせる。(訳注62)どういうことだろうか？　我々の行なうのは、主体の話に弁証法的句読点を打つだけだということである。

このことから、象徴界と現実界とが接合するもう一つの契機を見て取ることができる。すなわち、既に理論的には印をつけておいたことではあるが、時間の機能においてである。時間というものの技法論的効果に、ここでしばらく足を留めなければなるまい。

時間は、いくつかの角度から、技法において役割を演ずる。

時間は、まず初めに、分析が全体としてどのくらい持続するかという形で存在している。時間は、分析が終わったときにその分析の期間に与えるべき意味を、内包している。このことは、分析の終わりをどういうしるしによってそれと認めるのかという問いに先立つ問いである。我々は、後ほど、分析の終わりをどう固定するかという問題に触れることになる。しかし、ここで既に言っておかなければならないが、この持続は、主体にとっては、果てしなさ《アンデフィニ》という形でしか予見できないということは明らかである。

これには二つの理由がある。弁証法的に見た場合にのみこの二つを識別できる。

——一つの理由は、我々の領野の限界に関係し、この領野の及ぶ範囲の定義についての我々の提言を確認するものである。我々は、それぞれの主体についてその人の了解するための時間がどのくらいの長さになるかをあらかじめ見通すことはできない。この時間には、それ自体としては我々の手の届かない心理学的な要因が含まれているからである。
――もう一つの理由は、主体の側にある。またこの理由で、分析の終わりを固定することは、時間を空間に投射することと同じになる。この投射のもとで、彼は既に自分自身から疎外される。言い換えれば、彼の真理の到来時期の予定が立つならば、それまでの間に間主体性において何が起ころうとも、真理は既にそこにあるということになる。つまり、我々は、主体が我々分析家のうちに彼の真理を置いてしまうという意味での主体の元々の蜃気楼を、主体の中に改めて設立してしまうことになるし、我々の権威でもって、それを裁可することによって、我々は彼の分析を一つの逸脱のうちに設定してしまうことになるわけで、これは、結果が出てから訂正しようなどと思ってもできるものではない。

それはまさに、名高い狼男の症例で起こったことであった。この症例の範例的な重要性を、フロイトは充分に理解していたゆえ、彼は、有限の分析か無際限《アンデフィニ》の分析かを論じた論文の中では[*14]、この経験をふまえている。

分析の終わりを前もって定めるなどということは、最初の積極介入の形態と言ってもよいものだが、これを初めに仕出かしたのは、こともあろうにフロイトその人だった（穴があったら入りたい！）。(訳注63) たとえ、フロイトの範に倣おうとする分析家が、この予言的《ディヴィナトワール》な（この語の固有の意味において）[*15]確実さがどれほどのものであったかを証拠立てることができたとしても、この前もって終わりを定めるやり口は、どうしても主体を自身の真理から疎外された状態にとどめおくことになるであろう。

＊14　これは、「終結した分析と終結できない分析」と訳されているが、既に指摘したように性懲りもない誤訳であり、ここで示した訳が正しい。(訳注64)

そのことの確認は、フロイトの症例の二つの事実において見出される。

まず一つはこうである。狼男には原光景の歴史性を証明する証拠の束があった。それに対してフロイトは方法的な懐疑を向けて(訳注65)彼を試したりもしたのだが、それでも狼男は動揺することなくその証拠の束に納得していた。だがそれにもかかわらず、それらの想起を、彼は己れの歴史の中に統合するに至らなかったのである。

そして次はこうである。狼男はやがて、これ以上ないほど明確な妄想的形式で、彼の疎外《アリエナシオン》された狂気の姿を示現することになるのである。

勿論、現実性が分析の中に介入するもう一つの要因、つまり、金銭贈与の問題がここに紛れ込んでいるということは確かである。しかし、我々は、その象徴的価値についてここではこれ以上扱うことを控えよう。というのも、その影響の射程については、我々は既に、始原的交換の一部を構成する贈与物と、話すということとのつながりを論じたときに示しておいたからである。さて、狼男の事例では、金銭贈与はフロイト自身の意向によって方向が逆になっており、フロイトがこの症例にその後執拗に立ち戻ってくるたびに、我々は次のことを認めることができる。すなわち、狼男が宙づりのままに残した問題を、フロイトが自らのうちでそれらを解決することなく主体化してしまったということである。狼男の精神病を発症させる一つの要因がここにあったということを、それがなぜかということをうまく言うことはなかなか困難であるにせよ、誰も疑ったりしないだろう(訳注66)。

その困難にもかかわらず、次のことが理解されないはずはなかろう。すなわち、患者として科学に奉仕してくれたという理由で、精神分析の業界からの出費でもって養われることを主体に許した（というのも、主体が年金を受け取ったのはこの業界の募金からだった）が、そのことはまた、主体を決定的に主体の真理からの疎外へと閉じこめることにもなってしまったのである。

補足的分析が行なわれ、患者は、ルート・マック・ブルーンスヴィクに託された。(訳注67) その分析の中身は、先立つ治療の責任をよく示していて、精神分析という媒介作用における、(訳注68) 話と言語活動のそれぞれの場所についての我々の立論を証明するものとなっている。

話と言語活動というこの視点から見れば、さらに、ルート・マック・ブルーンスヴィクが、転移という問題に関わる自分の微妙な立場をわきまえて、なんとかうまく切り抜けたということを、見て取ることができる。（我々が用いた壁の比喩を思い出していただきたい。この壁は、ブルーンスヴィクの治療中の、狼男の夢の中の一つに現れてきている。狼男の四歳のときの、鍵となる夢の中にいたあの狼たちが、腹を空かせて壁を回り込んで姿を見せる……。）我々のセミネールでは、(訳注69) こういったことはすべて知られているが、他のセミネールの方々もこのあたりのことについて勉強なさるとよい。*16

実は、我々がここで触れておきたいと思っているのは、技法における時間の機能の、今や焦眉の急となっているもう一つの側面である。我々は、ひとつひとつのセッションの持続時間という問題について話すことにしよう。ここでも問題となっているのは、はっきりと、現実性に属する要素である。というのも、それは、我々の労働

---

*15 (117頁) アウルス・ゲリウス『アッティカの夜』第Ⅱ巻4章。「裁判においては、誰が告訴を引き受けるかが問題になって、二人または数人の人物が、裁判官に対して自分がその引き受け手になると要求してきたとき、裁判所が原告を指名するのに採用する判決は、神告《ディヴィナチオ》と呼ばれる。……この語は次のような事情から来ている。原告と被告とは互いが相手無しでは成り立たない二つの相関者であるのに、ここで問題になっている種類の判決では、原告無しに被告だけが存在している。そこで、訴訟には示されない、つまり訴訟にとってまだ未知なままになっているもの、すなわち原告というものを見つけるのに、神告に頼らざるをえないのである。」(訳注70)

*16 ここまでの二つの段落は書き直された（一九六六年）。

時間の問題になってくるからだ。そして、この角度から見れば、この側面は、広く行き渡っていると見なされる業界の規定がどうなっているかということを抜きにしては語れない。

とはいえ、だからといって、主体にとってのその影響が重要ではないということではない。ではまず、分析家にとってはどうであろうか。問題となる側面が最近の論争の中に現れてきたとき、そこにはまるでタブーに触れていたような性質があったが、そのことは、分析家集団の主体性が、この問題についてはほとんど発揮されていないということを、明々白々たるものにしていたし、また、歴史的条件も地理的条件もさまざまであるにもかかわらず、ある一つのスタンダードを遵守することに、大部分とは言わないまでも何人かの人々が何の不安も感じていないらしいということには、あえて強迫性とまでは言わなくとも、融通の利かなさが見られる。この融通の利かなさから、そこにこそ問題が存在しているということがわかる。その問題を取り上げれば分析家の役割とは何かという問いに深入りしなければならないがために、人々は一層その問題を取り上げたがらないのである。

次に、分析を受けている主体の側から見たこの問題の重要さも、見逃すことはできない。自分の言わんとすることを正当化しえない人々が、かえって余計に訳知り口調でのたまうには、無意識は現れてくるのに時間がかかる、とか。それはよしとしよう。しかし、その時間の尺度は何かと問いたい。それは、アレクサンドル・コイレ氏(訳注71)の言葉を使うなら、正確さの宇宙という尺度なのだろうか? 確かに我々はそんな宇宙に生きているのであるが、それが人間に到来したのはまだ最近のことなのだ。それは、ホイヘンスの時計(訳注72)、つまり一六五九年にまでしか厳密には遡れないし、この正確さが近代人にとって解放の要素になったかというと、そうではないということを、近代人の居心地悪さが正確に示している。重さのある物体が落下するあの時間は、リヒテンベルクが言った(訳注73)ような日時計のねじを巻く神が永遠の中に定めた天体の時間に対応するものとして、神聖なのであろうか？　おそらくは、象徴的対象が創造された時間と、我々がその対象を取り落とす不注意の瞬間とを比較してみれば、我々は、何らかのよりよい時間の観念に辿り着けるということにでもなろうか。

　いずれにせよ、この時間の間に、我々の分析家としての役目がどんな仕事をしているのかということは、まだ問題として残されているとしても、患者がその時間の間に何かを実現するにあたり、その仕事がどんな役目を果たすことになるのかということは、我々はもう充分に明らかにしてきたことと思う。

　ただそれゆえに、この時間の現実性は、現実性というものが何であれ、場所的な価値を帯びてくることになる。すなわち、その仕事の果実をその場所で受領するというところに存する価値である。

　我々は、録音の役割を果たすことになる。これは、あらゆる象徴的交換における、根本的な機能を引き受けることである。ド・カモ、すなわち、本当の人が、永く続く話と呼んでいるものを受け取るという機能を（訳注74）。

　主体の真正さのために呼び出された証人として、主体の語らいの調書《プロセ・ヴェルバール》保管人として、主体の厳正さの照会先として、主体の誠実さの保証人として、遺書の番人として、遺言補足書の公証人として、分析家というものは、書記に類するものである。

　書記ではありつつも、分析家は、真理の主の位置に留まる。主体の語らいは、その真理の前進である。既に言っておいたように、何よりもまず、この語らいの弁証法に句読点を打つのは分析家である。そしてここで、分析家は、この語らいの値の判定者として、把握されることになる。このことは、二つの結果を招く。

　セッションの切り上げは、主体にとって、前進の中に生じる句切れのように経験されずにはいられない。我々は、主体がこの句切れの到来期限をどのように計算し、主体自身の持ち時間に、ないしは、主体の逃げ道に、どのようにそれをつなぎ合わせるかということを知っている。また、我々は、主体が、どのようにその句切れを、武器を扱うようにして量り、シェルターを得るかのように待ち受けているかを知っている。

象徴的書物の原典を読み書きする実践において、よく確かめられる事実がある。象徴的書物と言ったが、聖書や中国の古典を思い浮かべていただきたい。つまり、句切れがなければ両義性の源となり、句切れを作れば意味が定まり、句切れを変えれば意味が更新されたり転倒したりし、誤った句切れともなればそれは意味を変造するのと同等である、ということである。

設定してある時間《タイミング》の切れ目で、無頓着に、主体の中の急き立ての諸契機を中断すると、主体の語らいがそれに向かって結晶化しようとしている結論にとって、その無頓着さが、致命的となることがあるし、たとえ報復的計略への口実を与えないまでも、誤解を定着させることになりかねない。

初心者のほうが、このような影響力の結果に、より驚かされるように見える。初心者でない者たちはどうやら、そうした結果をもう日常茶飯事と感じてしまって何とも思わなくなっているのだろう。

確かに、この規則を厳格に適用することで、我々は中立性を表明していることになって、それによって我々は非行動の道を維持できもしよう。

しかし、この非行動にはおのずから限度がある。そこに全然限度がないのなら、およそ介入ということもなくなってしまうだろう。セッションの終了というこの時点がこれほど特権的なものであるというのに、どうしてそこで、介入をわざわざ不可能にしておく必要があろうか？

この時点が分析家の側で強迫的価値を持つようになることとの危険は、端的に、分析家と分析主体との間に共謀が忍び寄ってくるということにある。強迫的な人には、このような共謀が起こりやすいばかりではなく、そういう人にあっては、それはまさに、彼が労働に対して持っている感情の特別な激しさという形をとる。周知のように、強迫的な主体においては、彼の余暇にまで、強制労働の調子が染み渡っている。

このような意味は、主に対するこの主体の関係、すなわち、この主体は主が死ぬのを待っているという関係によって、支えられている。

強迫的な人は、ヘーゲルが主と奴の弁証法において展開しなかった態度の一つを表現するものである。奴は、死の危険から逃げ出す。死の危険のもとで、純粋な威信を賭けた闘争の中で、主人性が彼に差し出されていたのだが。しかし、奴は、自分が死すべきものだと知っているがゆえに、主もまた死ぬだろうと知っている。ここからして、奴は主のために働き、その間は享楽を断念することを受け容れることができる。こうして、いつ主の死が来るのだろうかと定まらない気持ちの中で彼は待つのである。

このことは、強迫的な人の性格特徴、つまり、疑惑癖と引き延ばし癖という両特徴の、間主体的な理由となっている。

とはいえ、彼のあらゆる労働は、この意図の主導のもとに行なわれ、この主導性のために、二重に疎外するものとなる。というのは、主体の作品は、他者によって奪い去られ、これがあらゆる労働の構成的な関係であり、それればかりではなく、主体は彼の作品をその労働の理由とし、その中に彼自身の本質を認めるが、この承認もまた同様に、主体の手から逃れ去るからである。なぜなら、彼自身は「作品の中には存在しておらず」、むしろ予期される主の死の瞬間の中にいるのであり、その瞬間から、自分が生き始めようとしているからである。ただし、彼は、それを待つ間、死んだものとしての主に同一化していて、このことを通じて、彼もまた、既に死んでいる。

それでも、主体は、自分の仕事の中に表現される善き意図を証明することで、主を騙そうと懸命になる。それはちょうど、分析の教理問答の良い子たちが、その粗雑な言葉遣い《ランガージュ》で、主体の自我《エゴ》が主体の超自我《スーパーエゴ》を誘惑しようとする、と述べていることにあたる。

実際、分析関係の中で、主体のワーキング・スルー(訳注75)は分析家を誘惑するのに用いられるが、そうした分析関係の中でこの主体内的定式化を理解してみると、この定式化は、たちまちにして神秘でも何でもなくなる。

また、我々の主体の中の自我《エゴ》の意図を問いに付すというところへと、分析的対話の進展が近づいてくると、分析家の死という幻想が、しばしば恐れや不安の形をとって感じ取られつつ、必ず発生してくる、ということは、けっして偶然ではない。

そうすると主体は、自分の「善き意志」のさらなる論証作業に、またもや念入りに取りかかるのである。

ここで、このような労働の産物に対する、主による何らかの軽蔑の刻印が現れれば、その効果は疑うべくもないだろう。その効果によって、主体の抵抗は完全に調子を狂わせられるかもしれない。

それまで無意識であった主体のアリバイも、これを契機として、主体自身にとって明らかになり始め、今度は、これほどの努力をしてきた理由がなんだったのかと、懸命に探究している主体の姿が見られるようになる。

ある時、私は、次のような経験をした。私は、自分の臨床経験が一つの結論を迎えていたある時期に、人呼んで、ラカンの短時間セッションなるものを実践していた。そのときに、ある男性主体から、帝王切開によってそれを解決するという夢とともに、肛門妊娠の幻想を明らかにされたことがあった。そのセッションの持続時間は、この幻想の開示にちょうどよいものであった。もしそうでなかったら、私は、ドストエフスキーの芸術に関する彼の長広舌をさらに聞き続けていることになっていただろう。この経験に納得していなかったら、私はここまでのことを言いはしなかっただろう。

ついでながら、この例を出したのは、これで以て短時間セッションという手続きを弁護しようがためではなく、この手続きが、技法的適用の中でこそ精確な弁証法的意味を持つということを示さんがためである。[*17] ちなみに、この手続きは、禅という名で呼ばれ、極東のある宗派の伝統的修行の中で、主体の開示の方法として適用されている技法と、究極において同じものだということを指摘しているのは、ひとり我々のみではない。この極東の技法が極端にまで行き着けば、それは、我々の技法のある種の限界に抵触してくるから、そこまでは行かないことにして、分析の中に、この技法の原理のみを慎重に適用してみることは、我々には、抵抗分析とか呼ばれるようなある種の様式に較べれば、はるかに許容可能なものと思われる。なぜなら、そのような適用は、けっして主体の疎外という危険を孕んでいないからである。

というのも、こうした技法は、話が生まれ出ずるようにするためにこそ、語らいを切るからである。

かくして、我々は、壁のふもとに、つまり、言語活動という壁のふもとにいるのである。我々は、我々の場所に、つまり、患者と同じ側にいる。そして、我々は、我々にとっても彼にとっても同じものであるところのこの壁に向かって、患者の話のこだまに応えようとするのである。

この壁を越えたところには、我々にとって、外部の闇とでもいうようなものは何ものも存在しない。それでは我々は、状況を完全に手中に収めたことになるのだろうか？　勿論そうではない。我々はここで、フロイトの残してくれた、負の治療反応というものについての証言を思い起こさねばならない。

人も言うごとく、この神秘の鍵は、原初的マゾヒズムという審級の中にある。すなわち、フロイトが自分の経験の頂点においてその謎を我々に突きつけた、あの死の本能の、純粋状態での出現の中にある。

＊17　捨て石であれ、隅のかしら石であれ、我々の強みはこの点に関して譲らなかったことにある（一九六六年）（訳注76）。

我々はそれを鼻先であしらって通り過ぎるわけにゆかないのは勿論のこと、その検討をこれ以上遅らせるわけにもゆかない。

というのは、我々がその誤りを告発してきたあの自我《エゴ》の概念の周りへと分析を寄せ集めてしまおうとしているお歴々と、ライヒのように、話すということを越えて、有機体の曰く言い難き表現を求めてやまぬ方針をどこまでも追求しようという見上げた方々とが、フロイトの精神分析のまさにこの完成形態を拒絶すべく結託しておられることに、いずれ我々は気づくだろうからである。この見上げた方々は、曰く言い難き表現をその鎧からライヒのように解き放つために、彼らが精神分析からライヒのように引き出さんとしているオーガズムを、二つの蠕動運動の重なり合いという形で、ライヒのように象徴化することがお出来になるらしい。ライヒの『性格分析』なる書物には、その蠕動運動の重なり合いがおぞましくも図式化されているのが見える(訳注77)。

話すということの問題が、どれほどの深さで死の本能(訳注78)の概念へとつながっているのかということを、これから我々が示してゆくならば、こうした結託もまた、精神の諸形成がいかに厳密に行なわれるかということを、我々にむしろ都合よく予測させるものとなるだろう。

死の本能という概念は、これを少し考えてみただけでも、相反する二つの語の結合の中にその意味を探し求めなければならないわけだから、何か皮肉なものとして現れてくる。というのは、本能という言葉のうち最も包括的な意味は、一つの生命機能の完遂に向かう行動のサイクルを、その継続において統制している法則のことであり、これに対して、死は、まず以て生命の破壊として現れるからである。

しかし、それでもやはり、生物学の黎明期にビシャが、死に抗する力の集合として与えた生命の定義はもとより(訳注79)、自分固有の平衡を維持しているシステムの機能としてのホメオスタシスというキャノンの概念において我々が生命について見出す最も現代的な概念もまたそれに劣らず(訳注80)、共に、生命と死とが対極的関係の中で組み合わさってこそ、我々が生命へと関係づけている諸現象の中核が成り立っているのだということを、我々に想い出させている。

そうだとすると、生物学的な概念が問題となっているのだとする限りでは、死の本能の中の、死と本能という対立する項は、フロイトの説明でも自動症の名のもとに(訳注81)、ともに反復の諸現象へと関連づけられていることでもあるし、この対立する項が反復の諸現象において重合することについては、特段の困難はないということになるに違いない。

それでも、それぞれの人が、そんなわけにはいくまいという感じを抱き、実際、我々のうちでも多くの人が、まさにここで問題にぶつかっている。多くの人がこの対立する項の明らかな不整合性に足を止めるという事実は、ある種の弁証法的な素朴さのようなものを示しているのであり、それゆえにここで注意を向けておくにふさわしかろう。弁証法的な素朴さは、限定詞的な発話内容における意味論に対して古典的に投げかけられている問題に接したなら、おそらくきっと困惑へと落ち込むことであろう。その限定詞的な発話内容とは、ガンジスの上の小村、というもので、この句でもって、ヒンドゥーの美学は、言語活動の反響の第二形態を描き出している*18。

実際、この死の本能の概念には、フロイト作品の詩学と呼ぶべきものの中に入って、その反響を聞きながら近づかなくてはならない。フロイト作品の詩学は、この死の本能の概念の意味を見通すための第一の道であり、本質的な次元である。フロイト作品は、死の本能の概念においてその頂点を印づけていると言っていいが、フロイ

---

*18　ラクシャナラクシャナ（Laksanalaksana）と呼ばれる形態のことである（訳注82）。

ト作品の諸々の起源からこの頂点に向かって、弁証法的な反響が響き渡っている。フロイト作品の詩学という本質的な次元は、この反響を理解するために不可欠なものである。たとえば、次のことを想い出そうではないか。フロイトは、ゲーテの有名な『自然への賛歌』という文章についての話をある公開講義で聞いたことをきっかけにして、自分の医学への使命を見出したと告白している。ゲーテのこのテクストは、友人によって再発見されたものであり、晩年に達していたこの詩人は、それを自分の筆の最も若い発露から生まれた推定上の子として認知することを受け入れたのである(訳注83)。

フロイトの人生のもう片方の端、つまり最晩年には、有限の分析と無際限の分析についての論文がある。そこには、アグリゲントゥムのエンペドクレスの言う二大原理の葛藤への、新たな構想のもとでの言及が見出される。エンペドクレスは、紀元前五世紀、すなわち、ソクラテス以前の、自然と精神の不分明期にあって、宇宙生命の転変をその二大原理に帰した(訳注84)。

この二つの事実は(訳注85)、問題になっているのが双数体の神話であるということの充分な証左になっている。『快原理の彼岸』においては、プラトンの作品の中に登場する双数体の神話が喚起されている。この神話が、近代人の主体性の中で理解されるのは、この神話が書き込まれている判断の否定性というところにまで、それを持ち上げておくことによってのみである。

すなわち、人々は反復自動症(訳注86)という用語を、死の本能の場合と同じように、二つに割ってしまって、この語の意味を理解しなくなっているが、この語が目指しているのは、転移という経験の、歴史化する時間性以外の何ものでもない。それと同じく、死の本能もまた、本質的には、主体の歴史機能の限界を表現しているのである。この限界は、死であるが、やがて来る個人の生命の期限としての死でもなければ、主体が経験的に確かだと思っている死でもなく、むしろ、ハイデガーがそれに与えた定式に従えば、「無条件で、乗り越え不能で、確実で、しかもそれ自体としては無規定であるような、主体の絶対的に固有な可能性(訳注87)」としての死である。ここで言われている主体とは、その歴史性によって定義された主体であると理解しよう。

実際、こうした歴史が何らかの完結したものを有しているという意味において、この限界は、どんな瞬間にも現前しているのである。この限界は、現実的な形態をとって、過去を代表象する。その過去とは、実在を廃されてしまった物理的な過去ではなく、記憶という作品の中で完成した姿をとっている叙事詩的過去でもなく、また、人間が自分の未来の保証人と見なしている歴史的過去でもなく、反復の中へと逆さまに現れ出てくる過去である。*19

このようなものは死者である。ピリア、つまり愛と、ネイコス、つまり反目とが織り成す宇宙の葛藤の中に、死者は媒介として入り込み、三つ組みを作り出す。このダミーとしての死者(訳注88)こそ、主体のパートナーである。

主体性とは、己れの失寵状態《デレリクシオン》の乗り越えと、象徴の誕生とを、反復の戯れの中で、まとめて醸成するものである。このことの理由を理解するのに、根源的マゾヒズムという古びた概念に頼る必要はもはやない。

反復の戯れというのは、あの物隠し遊びのことである。フロイトが天才の直観によって我々のまなざしのもとにもたらしてくれたこの遊びの中に、我々は次のことを認めよう。すなわち、欲望が人間化される契機とは、子どもが言語活動の中へと生まれる契機でもあるのだ。

主体は、自分に課せられた剝奪を、それを引き受けることによって制御する。しかもそれだけでなく、主体が

＊19　これら四つの語（訳注：「反復の中へと逆さまに renversé dans la répétition」）の中には、反復についての我々の最近の定式化（一九六六年）が書き込まれている。元の版では、ここでは「永劫回帰」への参照が置かれていたが、当時は、そのような不適切な形でしか我々の意図をわかってもらえなかったのである（訳注89）。

そこで、己れの欲望を二乗にまで高めもしているのだということを、今や我々は把握する。というのも、対象を出現させたり消失させたりする主体の行為は、その対象の不在と現前を先取り的に誘発することによって、この対象を破壊しているからである。そしてこの主体の行為は、欲望の力の場を負性化して、自分で自分自身の対象となりおおせる。この対象は、そのまま二つの要素的な発声の象徴的な対の中で形を取って、音素の二項対立が主体のうちで通時的に統合されたことを告げている。主体を取り巻き現存する言語活動が、その二項対立の共時的構造を提供し、主体はそれを同化する。そしてまた子どもは、まわりの語らいから受け取った音声を、自分なりのフォルト!の中でまたダー!の中で、多かれ少なかれ近似的に再生することによって、自分を取り巻くその綾成す語らいのシステムのうちに、自分を関わらせはじめてもいるのである。(訳注90)

フォルト! ダー!。小さな人間の欲望は、こうしてまさに彼の孤独《ソリチュード》のうちで、他者(un autre)の欲望になり了《おお》せる。その他者はひとつの分身自我《アルター・エゴ》であり、これは小さな人間を支配し、その他者の欲望の対象は、このときからずっと、この小さな人間固有の苦しみとなる。

子どもが今呼びかけているのが、想像的パートナーであれ、現実的パートナーであれ、このパートナーは、同じように子どもの語らいの負性に従うということを、子どもは見て取る。そして子どもからの呼びかけが、このパートナーを逃げ出させる効果を持つとなれば、子どもは、自分からこのパートナーに追放を通告することによって、かえってその回帰を誘発しようと試みる。それにより、子どもの欲望のもとにそのパートナーは再びもたらされるだろう。

かくして、象徴はまず、物の殺害として現れる。(訳注91)そして、この死は、主体において、欲望の永遠化を構成する。遺跡に認められる人間らしさの第一の象徴は、墓所である。人間が、己れの歴史という生へと関係を持つに至るにあたっては、それがどんな関係であっても、そこに死の媒介が認められる。

その生だけが、常なるもの、そして真なるものとしての生である。なぜならその生は、主体から主体へと続けられる伝統のうちで失われることなく伝えられていくからである。動物的なるものによって遺伝され、個体が種のうちに姿を消してゆくあの生を、この生はどれほどの高みにおいて超越しているかということを、見ないでいることができようか。というのも、動物個体のはかない生の現出と、類の不変性という形で生を再生産している現出との間を、何らかの記念碑が隔てているわけではないのだから。分類学上の門の諸変異は、人間にはいまだに外側からしか近づけないようなある一つの主体性によって統合されているに違いないという仮定でも置いてみるなら話は別だが、一匹の鼠を鼠そのものから、一頭の馬を馬そのものから隔てるものは、人間が鼠や馬を仲間に引き込む諸経験のことはさておき、生から死へのあの定めなき移行の外には、実際、何もない。――これに対して、エトナ山に飛び込んだエンペドクレスは、人間たちの記憶の中に、彼の死‐への‐存在(訳注92)としてのこの象徴的行為を、久遠の現存として残している。

人間の自由は、次の三項からなる構成的三角形の中にすべて描き込まれている。第一は、隷属的労働による果実を享受せんとする他者の欲望を、死の脅しをかけて諦めさせること、第二は、人間の生にその尺度を与えている諸々の理由によって、人間が同意の上で自らの生を犠牲に供すること、第三は、打ち負かされた者が、自殺という放下を行なうことで、主からその勝利を奪い取り、主を人間らしからぬ孤独のうちに打ち捨てることである。

これらの死の姿のうち、第三のものが、至高の回り道であり、ここを通じて、欲望の直接的個別性は、いわく言い難い己れの形態を再び克服して、否定のうちに最終的な勝利を再び見出す。そして、この第三の姿は、我々分析家に関係があるゆえ、我々はその意味を認識しなければならない。それは、本能の倒錯ではなくて、生の絶望的な肯定なのであり、我々が死の本能を認めるにあたっての最も純粋な形態がこれなのである。

間主体性の輪回し遊び(訳注93)において、欲望は、ほんの一瞬それと認められはするものの、他者の意志であるところの一つの意志の中に見失われてしまうだけである。主体は、このような輪回し遊びに対して、「否！」と言う。主体は根気よく、象徴のエロスの羊毛的凝集から、危うい自らの生を抜き出しているうちに、ようやくその欲望を、話には至らない呪いのようなものの中で、確証することになる。

連なる話の戯れよりも以前に、何が存在していたのか、そして、象徴たちの誕生にとって根源的であるものとは何か、主体の中でそれに到達しようとするならば、我々はそれを、死の中に見出すことになる。主体の実存は死から、実存が意味として有するもののすべてを汲み取っている。主体が、他者たちに対して自らを確証するのは、死の欲望としてである。主体が他者に同一化するとしても、それは、主体の本質的な心像《イマージュ》を変容させたものへと、他者を凍りつかせることによってであり、かくして主体が喚び起こす存在は、どれもみな、死の影の中に数えられるものたちばかりとなるからである。

こうした死へと向かう意味は、話すということの中には、言語活動に対して外在する中心がある、ということを露呈させる。このように言うことは、単なる比喩以上のものであって、一つの構造を明らかにする。この構造は、生命体とその環境の境界を図式化するときに、人が好んで使うような、円や球で以て描き分けた空間構成とは趣を異にするものである。すなわち、この構造はむしろ、記号論理学が、トポロジー的に環（anneau）という名で指し示す関係群に対応するものである。

この構造の直観的表象を得ようと思うならば、区域という平面的なものではなく、むしろトーラスという三次元的形態に頼るべきであろう。なぜかというと、トーラスの辺縁にある外部と、中心にある外部とは、ただ一つの領域を構成するからである。[*20]

直接的欲望の生命的両義性においてであれ、主体の死‐への‐存在の十全なる引き受けにおいてであれ、主体が己れの孤独をまっとうするときに生ずる弁証法的過程の終わりなき循環性に、このトーラスの図式はうまく合致している。

しかし、同時に人は、その弁証法が個人的なものでないということをも、この図式のうちで把握する。また、分析の終結とはどういう問題であるのかも理解する。主体の満足は、皆の満足の中で、すなわち、人間としての仕事のうちで主体の満足に連なっているすべての人々の満足の中で実現されるが、この実現の契機がどのようなものであるかという問題が分析の終結の問題なのである。この一世紀の間に提起されてきたあらゆる仕事のうちで、精神分析家の仕事は、気遣いの人間と絶対知の主体の間を媒介するものとして、この契機において機能するゆえに、おそらく最も高らかなものである。また、だからこそ、この仕事は、長きにわたる主体の禁欲を要請する。教育分析の終わりが、主体がその実践に従事するということと切り離せないものである以上、この禁欲は、途切れることがない(訳注94)。

己れの経験の地平線上において、己れの時代の主体性に出会うことがない人には、むしろこの仕事は諦めていただきたい。そうした人が、いったいどうやって己れの存在を、多くの他の人生たちにとっての軸と成すことができるであろうか。象徴界の運動において己れをそれらの人生たちと関わらせている弁証法について、その人は何もわかっていないのであるから。止むことのないバベルの塔の仕事の中で、彼の時代が彼を引きずって動いて

＊20　これはトポロジーの前提であり、我々は、これを、五年前から実践的に用いている（一九六六年）。

ゆく際のその周回の動きを、彼が心得てくれますように。さまざまな言語活動たちの不和の最中での自分の通訳者としての役目を、彼が知っておいてくれますように。世界《ムンドゥス》(訳注95)の闇の周りを、巨大な塔が廻っている。この闇を見通すのは、神秘の視力の持ち主にお任せしておけばよい。そこでは、一本の永遠の木の上を、腐りゆく生命の蛇が昇っていくさまを見ていただけることであろう。(訳注96)

フロイトは自分の作品に生物学的な基礎が備わっていることを願った。我々が今述べたことは、フロイトの作品の意味を、その基礎から逸らせ、彼の作品に満ちている文化的参照枠へと迂回させようとするものだ。そんな非難があろう。しかしそんなものは笑ってやり過ごそうではないか。ここでみなさんに、*b*という要素がこれこれの参照枠を示し、*c*という要素がまた別の参照枠を示しているのだ、といった理屈を、いちいち言い聞かせて学理を説こうとは思わない。我々が願ったのはただ、みなさんに、言語活動の構造という見落とされがちな*a, b, c*《アーベーセー》を思いだしておいていただき、また、話すことという忘れられがちな*b-a, ba*《ベーアバ》(訳注97)を改めて確認していただくことだけなのである。

というのも、我々は言語活動から成り立ち、話から効果を引き出しているような技術を扱おうとしているというのに、もしみなさんが言語活動の領野と話の機能の大事さを識っておかれないとしたら、一体どんなレシピがあれば、みなさんの導き手になってくれるというのだろうか。

人間の心像《イマージュ》に合わせて人間を形成した理法として、精神分析経験は人間の中に、言葉《ヴェルブ》の命令を再発見した。精神分析経験は、言語活動の詩的機能を取り扱うことで、人間の欲望にその象徴的媒介を与える。望むらくは、精神分析経験によって、次のことが理解されるように。すなわち、精神分析の効果の現実性のすべてが、話という贈り物《ドン》*21の中に住まっている。というのも、どんな現実性も、この贈り物を通路としてこそ、人間のもとにやってきたのだからであり、また、人間が現実性を保っているのは、この、話すという絶えざる人間の行為に由ってこそだからである。

この話の贈り物によって定義される領域は、あなたがたの行動にも、あなたがたの知にも適うものであるに違いない。とすれば、この領域は、あなたがたが身を捧げるにも適うだろう。それは、あなたがたの献身に、特権的な領野を提供してくれるだろうから。

ブリハッドアーラニヤカ・ウパニシャッドの第五講の最初のブラーフマナには(訳注98)、次のように書かれている。デーヴァたちと人間たちとそしてアスラたちが、プラジャーパティ(訳注99)のもとでの見習い期間を終えたとき、彼らは、プラジャーパティに、このようなお願いをした。「我々にお話しください」。

「ダ」と、雷神プラジャーパティは言った、「聞こえたか?」。デーヴァたちは答えた、「ダームヤタ(*Damyata*)、自制しなさい、とおっしゃいました」。聖典が言わんとしているのは、高きところの力は話の法に従うということである。

「ダ」と、雷神プラジャーパティは言った、「聞こえたか?」。人間たちは答えた、「ダッタ(*Datta*)、与えなさい、とおっしゃいました」。聖典は、人間たちが、話の贈り物によって認め合うということを言っている。

「ダ」と、雷神プラジャーパティは言った、「聞こえたか?」。アスラたちは答えた、「ダヤドゥヴァム(*Dayadhvam*)、許しなさい、とおっしゃいました」。聖典は、低きところの力は、話の喚起に響き合う《レゾンヌ》ということを言っている。*22(訳注100)

*21　もちろんおわかりのことと思うが、ここで言っているのは、初心者には常々欠けていると思われがちな、いわゆる「才《ド》能《ン》」のことではない。実際に初心者に欠けがちになるのは、ある種の音《ト》調《ン》である。

聖典が続けて言うように、神の声は、ダ、ダ、ダ、という雷鳴となって、従順、贈与、許し、と聞こえるのである。

プラジャーパティは、皆にこう答えていたのだ。「汝ら、我を聞けり」。

＊22（135頁）ポンジュはこれを、響き《レゾン》（*réson*）と綴っている。（一九六六年）（訳注101）

訳注

注番号の上に本文の頁を示した。
頁の下に＊があるものは原注に付された訳注を意味する。

まえおき

1頁（1）一九二六年に設立されたフランスで最初の精神分析の学会「パリ精神分析学会」の中で、内部抗争があり、ナシュトとボナパルトを中心とするグループが「精神分析研究所」を設立して、実権を握った。碑銘はこの研究所のもの。ラガーシュとラカンを中心とするグループは、一九五三年に脱退し、新たに「フランス精神分析学会」を設立した。この一部始終については、新宮一成『ラカンの精神分析』講談社現代新書、一九九五年、五九―六四頁を参照されたい。

2頁（2）アウルス・ゲリウス（Aulus-Gellius　紀元一二三頃―一六五）はローマの文人。

4頁（3）ラカンとラガーシュの設立した「フランス精神分析学会」は、国際精神分析協会の正規の認定団体になれなかったため、一九五三年七月のロンドンの国際学会においては、ラカンやラガーシュは正式会員として参加できなかった。なお、「フランス精神分析学会」は一九六三年に国際精神分析協会に正式加盟するが、その際、ラカンを排除する。

5頁（4）ロンドンの国際学会における議事録を参照。R. S. Eissler (ed.): 106th Bulletin of the International Psycho-Analytical Congress. *The International Journal of Psycho-Analysis*, vol.35, 1954, pp.267-290. ジルボーグ（一八九〇―一九五九）はウクライナ生まれでアメリカに亡命した精神分析家・精神医学史家（当時ニューヨーク在）。ウェルダーはオーストリアの分析家でのちにアメリカに亡命（当時フィラデルフィア在）。

7頁（5）5頁の訳注（4）に掲げた議事録を参照。

8頁＊（6）邦訳『エクリ・I』佐々木孝次訳、弘文堂、一九七二年、二六一頁。

序

9頁（1）ブラウニングの作品は、Parleying with Certain People of Importance in Their Day であるが、ここでは of Importance 以下が落ちている。

10頁（2） フロイトが「抵抗」の概念を大事にしたのは事実であるが、その最晩年から一九四〇年代にかけて、W・ライヒやA・フロイトらによって「性格防衛」や「自我の防衛」という概念のもとに「抵抗」の重要性がさらに強調され、ライヒのいう「抵抗分析」が技法論として前面に押し出されてきたことに対する批判。

10頁（3） *International Journal of Psycho-Analysis* や *Revue Française de Psychanalyse* が念頭に置かれている。

12頁（4） 「精神分析の母奉行様たち」は、A・フロイトやM・ボナパルトなど、当時力のあった女性分析家たちを暗示する。フェレンツィについてはその著作集『精神分析への最後の貢献』（岩崎学術出版社、二〇〇七年）を参照。

12頁（5） 「対象関係」は、口唇期、肛門期、性器期を経て成熟してゆくとされるが、ではこの対象関係が治療によって成熟した暁にはどうなるのかということを考えると、性器期に達して上手にメイティングを行なって、結婚して幸せな社会生活を営めるようになるという、安易で凡庸な思考法に陥りやすいことへの批判。

12頁（6） ハンス少年への解釈は父親を通じて与えられた。一回だけハンス本人が父親の同席のもとで受け取っている。フロイト自身によるコメントを参照のこと。『フロイト全集10』総田純次訳、岩波書店、二〇〇八年、三頁。

12頁（7） ここでは dialectique を「対話法」と訳しているが、以後、文脈によって、「弁証法」「対話法」と訳し分ける。

14頁（8） 「分離、取り消し、否定」は、強迫神経症に特徴的とされる防衛機制であって、この部分は、四段落前の、技法の伝授を強迫神経症に譬えた箇所を受けている。

14頁（9） 一九五〇年九月二十六日、ソルボンヌ大講堂で開かれた、第一回世界精神医学会での「精神分析の今日的進化とその動向」と題された会合において、ラカンは基調報告をしている。Jacques Lacan: *Autres écrits*, éd: par J.-A.Miller, Seuil, 2001 に再録。c要素については、アメリカの精神分析理論における心理学の影響とそれに伴う主体の弱体化を、文化の相関物として示すために、これを小文字のcで表すのだとラカンは述べている。

15頁（10） したがって、アメリカの無歴史的な条件こそ、精神分析にうってつけだというわけである。多かれ少なかれ雰囲気としては存在していただろうがいかにもあやういこの意見を、これほどはっきり表明した人の名を、ラカンはここでは明らかにしていない。

15頁（11） 聖書では、形式主義者の代表として登場する。

16頁（12） 「まえおき」にもあったように、マリー・ボナパルトやナシュトらの「精神分析研究所」は、精神分析家になるための精神分析の回数、一回の時間の長さ、全体の持続時間などを技法として定めた制度を出発させた。ラカンは、一回のセッションの時間を定めない「短時間セッション」を実践していたので、この動きから排除された。ラカンは、彼らの制度は単なる行儀の良さに類するものであって、技法の本質を見失うものであるというのである。ちなみに「お行儀良さ」と訳したのは bienséance という言葉であり、「セッション」という意味の séance が含まれている。

16頁（13） フロイト『続・精神分析入門講義』第三二講を参照のこと（『フロイト全集21』道籏泰三訳、岩波書店、二〇一一年、一一三頁）。

17頁（14） ランボーに、「しらみを探す女たち」という作品がある。弟が姉二人に頭のしらみをとってもらううちに切ない気持ちになる。

17頁（15） 論及されているのは、Bénassy: Théorie des instincts. *Revue Française de Psychanalyse*, Tome XVII:1-78,1953.（発表は一九五二年、パリ）。

Ｉ　主体の精神分析的実現における、充ちた話と空ろな話

18頁（1） L'internele Consolacion: *Texte du Manuscript d'Amiens.* (Éditions d'art Édouard Pelletan, Paris, 1926) 英訳者フィンクによる出典表示。

18頁（2） Cause toujours. は、「ずっとしゃべっていなさい」と「いつだって、原因」の二つの意味に取れる。

20頁（3） durcharbeiten というドイツ語は、「休みなしに働く」、「不断に作業する」という意味であり、フロイトが精神分析の過程における、無意識の反復的出現とそれへの分析的対応とを表現するのに用いたものである。ラカンはここで、このフロイトの原語からその十全な意味を引き出すために、精神分析の語らいを一つの「労働」として呈示するのである。なおフロイト文献の邦訳では、この語には、以前は「徹底操作」、新しい全集版（岩波書店）では「反芻処理」という語があてられてきた。フランス語では、最近は、perlaboration（小学館『ロベール仏和大辞典』では「反復工作」と訳している）という語が使われている。

20頁（4） この詩句は、直訳すると、「百度でも、繰り返し、取り掛かりなさい（あなたの仕事に）」ということである。原詩は、古典主義の理論を展開したボワロー（N.Boileau 一六三六—一七一一）の代表的著書 *L'Art Poëtique,I*（『詩法Ｉ』）

の一部である。「Hâtez-vous lentement; et, sans perdre courage, vingt fois sur le métier remettez votre ouvrage」（ゆっくりと急ぎたまえ。そして勇気を失うことなく、君の作品を二十度《たび》も仕事台の上にのせたまえ（『世界大思想全集　哲学・文芸思想篇21』小場瀬卓三訳、河出書房新社、一九六〇年）。ただし「二十度」がラカンの文では「百度」となっている）。

21頁（5）対象によって「欲求不満」を蒙った人はその対象を「攻撃」し、攻撃が不首尾に終われば「退却（退行）」する、という常識によって、これらの精神分析概念を「直観的に」わかったつもりになることを指す。

21頁（6）「知性化」という概念は、ある時期の精神分析で、防衛の一つに数えられ、真正な感情経験を妨害するものとして嫌悪されていた。

22頁（7）精神分析経験を「語らいの労働」として規定した先の段落から、「疎外」という語を用いたこの段落まで、マルクスの労働論、特に労働の疎外の概念への連想をさそう書き方がなされている。しかしラカンの疎外概念をマルクス理論に吸収してしまうことはできない。ラカン独自の本格的な「疎外」論の展開は、この論文に先立つ「鏡像段階」論、この後につづく「無意識の位置」（共に『エクリ』所収）、そしてセミネール第十一巻（『精神分析の四基本概念』）において行なわれている。

22頁（8）たとえば、私は幼いときに、対象としての母親に可愛がってもらえなかったという欲求不満の物語を語り続ける場合、自分は母の求めに応えられなかった子どもだという意味内容がそこに含まれている。これを母の立場から見た場合、母はこの子どもによって欲求不満に陥っていたことになる。したがって、子どもの欲求不満の本質は、母の欲求不満なのである。欲求不満の二乗とはこうしたことではないかと思われる。

22頁（9）訳注（8）のたとえを続けるなら、欲求不満に耐えて努力して立派な子どもになったとしても、それを喜ぶのは自分自身ではなく母である。すなわちそこに生じるのは他者の享楽である。分析家は、これを、欲求不満に耐えたことで主体の自我が強くなり主体の満足が生じたのだと誤解するかも知れない。この取り違えに基づき、共感を以て分析家が答えたとしても、それはますます主体を軽んじることになるであろう。

23頁＊（10）本書の訳注42頁（40）を参照。

25頁（11）「合図の札」は、tessere。認証の印である。ワイルデン（Wilden）によれば、古い神秘宗教で、割符のように使われたという。また、フィンク（Fink）によれば、ローマ時代の劇場への陶製入場券にもこの語が使われた。さらにワイルデンによれば、ギリシャではこの「合図の札」は、ジュンボロン（＝シンボル）と呼ばれたという。ワイルデンが注意しているように、ここで問題になっているシンボルの機能は、リンクであるが、そのリンクは、言葉と物の間のリンクではなく、システムとシステムの間をつなぐリンクである。マラルメへの言及は、ワイルデン、シェリダン、フィンクによれば、René Ghil : *Traité du Verbe* (1866) への序文。Stéphane Mallarmé, *Oeuvres complètes*, p.368, 857, Gallimard, Paris, 1945 に収録されている。

26頁（12）「結論を出す瞬間《とき》」については、『エクリ』所収の論文「論理的時間と予期される確実性の断言」を参照。

27頁（13）退行は、分析家を相手に、分析家との語らいのレベルでなされる。ところが分析家は、この退行を、生物学的発達段階の逆行として説明しがちである。それは、分析家が語らいから離れて、架空の生物学的理論の中に身を隠すことになるので、アリバイ工作という批判がなされている。

27頁（14）「主体の現実との接触」として言及されているのは、たとえばミンコフスキーの現象学から影響を受けた考え方である。ミンコフスキーは、現実との生命的接触（contact vital）という概念を提出して、統合失調症（精神分裂病）の中心問題はこの接触の喪失であるとした（『精神分裂病』一九二七年、『生きられる時間』一九三三年）。また、強迫神経症の症状（徴候）として「不潔恐怖」がよく知られているが、これは、物に「接触」することへの恐怖であり、患者はその理由として、細菌感染などを挙げる。現象学による接触のすすめと、強迫神経症における接触の恐怖は、ちょうど裏返しの関係になっている。

27頁（15）フランス語で「監督分析（contrôle）」は、英語で「スーパーヴィジョン（*supervision*）」と呼ばれているものと同じ。駆け出しの分析家の行う分析を、熟練した分析家が監督する慣行。精神分析家の養成にとって必須のプロセス。

29頁（16）分析家と分析主体との間の想像的関係は、他者とエスとの間の無意識からの話の実現を妨げる。その話は自我の統合性にとって不利益になるからである。それはちょうど、背景のノイズを聞かないようにして聞くべき音のみを際立たせる実際の耳の生理学的機能や、キリストの伝える神の言葉に耳を貸さなかった人たちの耳に、なぞらえられる。マルコ伝八章一七―一八、ローマ人への手紙一一章八。また、旧約聖書の関連する言葉：エレミヤ書六章一〇節、エゼキエル書一二章二節、ザカリア書七章一一節。

29頁（17）ラカンのこの講演の前に、セオドア・ライクの『第三の耳で聴く――精神分析家の内的経験――』という書物が出版されていた。ライクは、「第三の耳」という言葉をニーチェから借りて、分析家に必要と彼が考えた能力を言い表した。分析家は、「一つの心が、言葉を越え、沈黙のうちに、どのようにして他の心に話しかけるのかを学ばねばならない。彼は「第三の耳」で聴くことを学ばねばならない。」「この第三の耳は、他の人々が口にしないで感じまた考えている事柄を、捕らえることができる。」Theodor Reik: *Listening with the Third Ear: The Inner Experience of a Psychoanalyst*. Farrar, Straus, New York, 1948.

30頁（18）　邦訳『フロイト全集2』芝伸太郎訳、岩波書店、二〇〇八年、三五頁。アンナ・Oは英語で述べている。

31頁（19）　ギリシャ語の ἔπος には「言葉」という意味がある。

32頁（20）　ハイデガー『存在と時間』原著三二五―三二六頁参照。ラカンの本節の「出会い」の概念は、ハイデガー的な、現在の地平に「出会わせること」をふまえながらも、後年のセミネール第十一巻においては、「テュケー」の概念を用いて主体のクリーナーメン的根拠の議論へと展開される（『精神分析の四基本概念』小出浩之・新宮一成・鈴木國文・小川豊昭訳、岩波書店、二〇〇〇年、第五章）。

33頁＊（21）　邦訳『フロイト全集14』須藤訓任訳、岩波書店、二〇一〇年、四四頁。「場面は事後的に作用するのであって、一歳半から四歳までの間も迫真の威力を何も失っていなかったのである」。なお、ラカンの参照している仏訳『五つの精神分析』については、本書の訳注50頁（6）を参照のこと。

33頁＊（22）　前掲、邦訳『フロイト全集14』四五頁。「われわれはテクストを短縮して叙述しようとして、被分析者が二十五歳過ぎになってから四歳時の印象や蠢きに、当時は見いだせなかった言語表現を与えているという実際の情況を見逃すようなことがあってはならないだろう。この注意をないがしろにすると、四歳児にこんな専門的な判断や学識ある思考ができるなんて滑稽だし信じがたい、と容易に思ってしまうことになる。これは単純に、事後性の第二の事例なのである。子供が一歳半のとき、十分な反応のできないある印象を受け取り、四歳になってこの印象が再活性化されてはじめてそれを理解して心を奪われ、二十年後になってようやく分析によって意識的な思考行為として、当時自分のなかで何が起こったのかを把握できるようになる。そうなると被分析者は当然ながら、三段階の時期区分を無視し、自分の現在の自我をはるか昔の情況におき入れる。われわれはその点で被分析者に倣う。というのも自己観察と解釈が正確ならば、最終的には第二段階と第三段階の時期の距離は度外視してかまわないことにならざるをえないからである。われわれも、第二段階の時期の出来事を記述する、他の手段は持ち合わせていないのである。」

34頁（23）原文は一八九五年となっているが、『エクリ』に収録された際の印刷ミスと思われる。雑誌『*La Psychanalyse*』の第一巻に収録された原論文（一九五六年）では正しく一八九六年となっているので、本訳書では原論文に従って訂正しておく。

35頁＊（24）邦訳「論理的時間と予期される確実性の断言」『エクリ・Ⅰ』佐々木孝次訳、弘文堂、一九七二年、二七一—二八〇頁。

35頁＊（25）S. Freud: L'hérédité et l'étiologie des névroses. *Revue Neurologique* IV, 161-169, 1896. なおフロイトは、初めて「精神分析」の語を含んだドイツ語の論文とフランス語の論文を同時期に書き、同時に投函した。印刷されて世に出たのはフランス語論文が先であった。ドイツ語論文は「防衛‐神経精神症再論」、フランス語論文は「神経症の遺伝と病因」である。こうした経緯や両論文の内容上の関連については『フロイト全集3』（岩波書店、二〇一〇年）の新宮一成・総田純次による「解題」（四九七—五〇〇頁）を参照されたい。

36頁（26）血清は、毒物に対抗する抗体を含むので、毒消しとして使われる。たとえば「マムシ毒血清」は、マムシ毒に対する抗体を含んだ血清である。一方、精神科領域では、イソミタールなどの薬剤注射は、患者を半分眠らせて抵抗を少なくして、生活史上の真実を語らせることができると考えられていた（「イソミタール面接」という用語もある）。ここで言われている「真実血清」というあだ名は、このような、真実を語り出させるための薬剤という意味で付けられたのであろう。「真実血清」という言葉は、額面上は、「真実」に対する「血清」、つまり「真実」を帳消しにする薬剤という意味になるが、皮肉にも、額面上とは反対の作用を表現するものとして使われていたことになる。

36頁（27）前頁からこの頁にかけての「個人を横断するものとしての綾成す語らい」という表現の中には、綾成す（**concret**; 普通は「具体的」と訳される）という語の語源的意味が生かされているように思われる。**concret** は **con**（共に）と **crēscō**（成長する）とを語源に持つ。この語は、共に生長し、癒着し癒合し、かくて凝固することから、固形の、形のある、という意味を生じたように見える。対応するラテン語 **concrētus** は、「濃縮された、凝結した」の意である。二人以上の主体が語り合っているとき、彼らは共に、自分たちが共有していると思っている言葉の宝庫を参照している。主体は知らず知らずに、そこに向かって話しかけ、またそこから話しかけられている。ラカンがここで「無意識は綾成す語らいの一声部である」と言うのは、彼の「無意識は他者の語らいである」という定式を連想させる（本書四六頁参照）。

36頁（28） 無意識の思考や感情という言い方が一種の形容矛盾であるという反論をフロイトはよく承知していて、しばしばこの概念を弁護する必要を感じている。このことを最も主題的に論じた論文の一つが、一九一五年の「無意識」である。なおフロイトがこの言い方を用いざるをえなかったときに「言葉を咎むるなかれ」という成句で切り抜けようとしたのは、上記の「狼男」の論文の中で、「無意識の概念」（unbewußter Begriff）という言葉を使ったときである。

37頁（29） フロイトは、「無意識」という用語を弁護しながらも、この用語には形容矛盾的な側面があることを隠し立てしてはいない。逆に、形容矛盾的であるからこそ、表現できることがある。ラカンは、フロイトのこの考えを、実際の精神分析の自由連想の中で起こる「言い間違い」にも当てはめているように思われる。「言い間違い」の中で、主体の歴史的意味が開示されることがあるからである。

37頁（30） 「それでも地球は動く」の名言 eppur si muove! には、実は「地球」という言葉は入っておらず、直訳すれば「それでもそれは動く」という意味である。

37頁＊（31） エドゥアール・ピション（Édouard Pichon 一八九〇―一九四〇） 医者、言語学者、精神分析家。ラカンの初期の業績を評価し、ラカンの排除（foreclusion）の概念の形成に一定の影響を与えたとされている。

38頁（32） オットー・フェニヘル（Otto Fenichel 一八九七―一九四六） ウィーン生まれの医師、精神分析家。フロイトの主宰するウィーンのグループで研究活動をした後、パウル・フェーデルンらの分析を受けて、ベルリンで精神分析家として活動したが、ナチスの迫害のためオスロ、プラハ、そして一九三八年からはロサンゼルスに亡命、アメリカで、精神分析家、精神科医として活躍した。主著『神経症の精神分析理論（*The Psychoanalytic Theory of Neurosis*）』（一九四五年）は、包括的な精神分析理論の教科書として知られ、ここでのラカンによる批判的言及は、この書の影響力が大きかったことを物語っている。初版五十年を記念して一九九五年に再版がなされている（Routledge, London & New York）。

39頁（33） ジャック＝ベニーニュ・ボシュエ（Jacques-Bénigne Bossuet 一六二七―一七〇四） ディジョン生まれの聖職者、文筆家。『世界史論』を書いた。ルイ十四世の宗教政策のバックボーンとなって、プロテスタントに敵対し、またフランス教会独立権強化論に寄与した。

39頁（34）アーノルド・トインビー（Arnold Toynbee 一八八九―一九七五）ロンドン生まれの歴史学者。周期理論による文明論を展開、『歴史研究』全十二巻を書いた。

39頁（35）オーギュスト・コント（Auguste Comte 一七九八―一八五七）モンペリエ生まれの哲学者で実証主義哲学の祖。社会学を築いた一人としても知られる。

39頁（36）カール・マルクス（Karl Marx 一八一八―一八八三）彼の『共産党宣言』は一八四八年、『資本論』第一巻は一八六七年に発表。

40頁（37）パリの主要な通りの一つ。十一区と十二区の境をなし、ナシオン広場とバスチーユ広場を結んでいる。

40頁（38）レス枢機卿（Jean-François Paul de Gondi, cardinal de Retz 一六一三―一六七九）政治家・作家。盛んな政治活動で投獄経験を経た後、ルイ十四世の黙許によりサンドニの修道院にこもって『回想録』などの文筆活動に余生を送った。

41頁（39）本能段階：ここでは、口唇期、肛門期、性器期と精神分析で呼ばれているものを指している。

42頁（40）マイケル・バリント（Michael Balint 一八九六―一九七〇）ブダペスト生まれで、一九三九年からイギリスで活躍した医師で精神分析家。いわゆる対象関係論者の一人。主著『一次愛と精神分析技法』『治療論からみた退行――基底欠損の精神分析――』など。

43頁（41）フロイトは「精神分析への抵抗」（一九二五年）において、自然哲学を、次のように位置づけている。すなわち、フロイトの時代のもっぱら物理的・化学的な精神医学においては、それに先立つ自然哲学からの強い影響への反動があった。それゆえ、心理的な現象も正当に評価されなかったのである（邦訳『フロイト全集18』太寿堂真訳、岩波書店、二〇〇七年、三二八頁）。なお、自然哲学とは、十九世紀前半、特にドイツにおいて一世を風靡した汎神論的な見方で、主にシェリングの名に結びつけられる（英訳Standard Edition XIXの注より）。また、ゲーテの『自然』については、本訳書一二八頁（原著p. 317）を参照。

43頁（42）ラカンがここで分析的象徴作用論と言っているものは、フロイトが『夢解釈』の中で述べている、表象が互いに互いを参照するような関係のみならず、フロイトが「類型夢」論を中心として組み立てた夢の象徴作用論を含んでいる。「象徴による呈示」と言われる。ただし、フロイトが「象徴作用」という言葉を使うのは、主として後者に対してであり、「複雑な機械はファルスである」をはじめとする、主体の了解の範囲を越えた象徴的なつながりのことである（『フロイト全集5』新宮一成訳、岩波書店、二〇一一年）。これは、ラカンがここで注意しているように、安易なアナロジー論の一種として誤用されてきた歴史を持っている。

44頁（43）　患者の発達を促して性器期や生殖性へと向かわせようとする規範主義的な対象関係論が当時から盛んであり、現代にも続いている。なおミュンヒハウゼンは文学作品「ほらふき男爵の冒険」（ビュルガー作）の主人公の名前である。彼は馬に乗って沼を飛び越えようとしたとき、飛距離が足りなくて沼に落ちたので、自分の髪の毛を引っ張り上げて、自分と馬とを沼から引き上げたという。ここでは、「性器愛」という架空の目標を作って、その目標へと自分を引き上げるありさまをいう。

44頁（44）　マタイ伝二三章四節。重い荷物を人々の肩に乗せるというのは、パリサイ人たちが典礼の規則の字句によって、人々をがんじがらめにしていることを指す。

44頁（45）　La Rochefoucauld: *Réflexion ou Sentences et Maximes morales*, 5e éd., 1678.（邦訳『ラ・ロシュフコー箴言集』二宮フサ訳、岩波文庫、一九八九年、四六頁）

45頁（46）　当時から盛んになり近頃は日本でも盛んに導入されている「対象関係論」、あるいは「プレエディパル」から「エディパル」への発達を仮想する考え方全般において、性器段階というものは、前性器段階の自体愛やナルシシズムを抜け出て、対象愛に至る時期だとされる。そうすると、フロイトの言う「性器的ナルシシズム」という言葉は矛盾したものだということになる。（フロイトは、「性器に対するナルシス的な男性的態度（narzißtische Männlichkeit des Genitales）」という言い方をしている。）ラカンは、フロイトははじめからこういった段階説には限定的な重要性しか与えていなかったのだと言うのである。実際、ここで引用されている症例「狼男」の精神病の核を決定しているのは、性器へのゆずるにゆずれない愛着であって、そのゆえに彼は「去勢の現実」を認めることができず、幻覚を経験せざるをえなくなっていったのである（フロイト「ある幼児期神経症の病歴より」『フロイト全集14』須藤訓任訳、岩波書店、二〇一〇年）。

45頁（47）　フロイトは、「狼男」において、肛門期と性器期の間で葛藤が起こったと論じている。それに対してラカンは、そのような本能理論をフロイトが実際には相対化してしまったと主張して、むしろフロイトが「狼男」の当該の自己確言を取り上げたことのほうを重視している。なお「分離《イゾラシオン》」は、強迫神経症に典型的に現れる防衛機制。ある考えとかある行為を、他の考えや主体の他の部分から分離し、関係を断ってしまうこと。思考の流れの中断、決まり文句、儀式的行為などのやり方がある（ラプランシュ／ポンタリス『精神分析用語辞典』）。

45頁＊（48）パスカルの有名な「賭け」は、ブランシュヴィック版『パンセ』の第二三三節にある。ジャンセニズムとポール・ロワヤルの側に立って弁論したパスカルは、自然と恩寵の関係について、「自然は恩寵の彫像である」としている。彼は、自然的存在としての人間がその理性の力によって信仰に到達しうるという考え方を退け、恩寵を重視している。理性の向こう側にある「無限─無」への「賭け」として信仰を捉える考え方と、この恩寵の重視は通じるものがある。ラカンはここで、分析家にとってパスカルの「賭け」が啓発的であって、このことはまだ論じ尽くされていないとしているが、その後、彼は、一九六八年から六九年のセミネール（第十六巻「大文字の他者から小文字の他者へ」）において、この主題を詳しく論じた。

46頁（49）フロイト「ある幼児期神経症の病歴より」の最終章を参照されたい。このラカンの論では、宗教的教義に取り込まれて、男性的な神に対する女性的位置への同一化を行なっているものを「自我」とし、反対に、合理主義的な教育に助けを求めて男性的同一化を行なっているものを「私」として、対立的な理解が提出されている。この二つの同一化の葛藤を、エディプスの弁証法であるとフロイト的に捉えることも可能である。

46頁（50）ドゥ・ラ・パリス（de La Palice 一四七〇─一五二五）フランスの将軍で、その勇猛を歌った歌の中に、「死の十五分前にも彼は生きていた」という一節がある。そこから、当たり前のことをしかつめらしく言ってかえって笑いをさそうような陳述を、「パリス風（Lapalissade）」と言うようになった。

46頁（51）ここでの「他者」は**l'Autre**でなく、**l'autre**となっている。

47頁（52）「精神分析とテレパシー」（一九二一年執筆）、「夢とテレパシー」（一九二二年）（いずれも『フロイト全集17』須藤訓任訳、岩波書店、二〇〇七年）、および「続・精神分析入門講義」の第三十講「夢とオカルティズム」『フロイト全集21』道籏泰三訳、岩波書店、二〇一一年）、を参照のこと。

47頁（53）フロイトが挙げているのは、ある母が分析を受けていて、その子が別の分析家から分析を受けていた場合に起こったこのような一致の例である（前掲の「続・精神分析入門講義」第三十講）。

48頁（1）　ヨハネによる福音書八章二五節には次のように状況が描かれている。――そこで彼らはイエスに言った、「あなたは、いったい、どういうかたですか」。イエスは彼らに言われた、「わたしがどういう者であるかは、初めからあなたがたに言っているではないか。」（ギデオン協会訳）

48頁（2）　心理学的諸特性について、異なった集団間や同一集団内の個人間の差異および個人内における諸特性間の差異を研究する心理学。十九世紀末までの心理学は、人間に共通する事実や一般法則の発見を目指し、個人差は偶然の誤差として、むしろこれを捨象しようとする傾向があった。しかしビネーは、一八九五年の論文で、個人間差異と個人内差異を主要な問題として取り上げた。（『新版心理学事典』平凡社、一九八一年）

48頁（3）　レオナルド・ダ・ヴィンチやゴヤには、「グロテスク」という語で特徴づけられる絵がある。レオナルドには、「男のグロテスクな肖像の習作」（一五〇〇―〇五年）という作品があり、ゴヤは、「ロス・カプリーチョス」というシリーズ（一七九九年）の中で、収監された人々や寓意的に戦争を表現した人物をグロテスクに描いている。

49頁（4）　**「エレアからの客人**　一方の側の人たちは、全てのものを、天上の目に見えない世界からこの地上へと、引きずりおろそうとする、――文字通り岩々や木々を両手で抱きかかえながらね。というのは、この人たちは、全てのそのような事物をしっかりとつかまえながら、何らかの手応えと手触りを与えるもの、ただそのようなものだけがあるのだと、強硬に主張しているのだから。つまり彼らの規定によれば、物体と実在とは同じものなのであって、もし彼ら以外の誰かが、物体性を持たないような何らかのものがあることを主張しようものなら、彼らは頭から軽蔑して、もはやその他のことにはいっさい耳を貸そうとしないのだ。」（プラトン「ソピステス」二四六A―B『プラトン全集3』藤沢令夫訳、岩波書店、一九七六年）

50頁（5）　**Dignus est intrare**：ラテン語。「彼は入るに値する」。**Dignus est qui intret.** というべきところを誤ったもの。モリエールの *Malade imaginaire* からの引用句。団体などへの加入を許可するとき、冗談で用いられる（『小学館ロベール仏和大辞典』一九八八年）。なお、「臭いを嗅ぎつける」というエピソードについては、ジャック・ラカン『対象関係（上）』（小出浩之・鈴木國文・菅原誠一訳、岩波書店、二〇〇六年）の九五頁を参照のこと。

50頁（6）　フランスでは、フロイト翻訳の途上で、フロイトの有名症例を集めて翻訳して一冊の本にしたものが出版され、広く読まれた。収録されていたのは、ハンス、ドラ、鼠男、狼男、そして、シュレーバーの各症例である。この本は、版を重ねていて、二〇〇三年にも再版されている（**Traduit par Marie Bonaparte et Rudolph M.Lœwenstein, 1re édition, 1954, 23e édition, 2003, Presses Universitaires de France**）。

50頁（7） フロイト『夢解釈』第六章導入部分を参照（前掲、『フロイト全集5』）。

51頁（8） **syllepse** ある語を同時にその本義と比喩的意義に用いること。

51頁（9） **régression** 文章の語順を逆転して反復する修辞法。

51頁（10） **catachrèse** 語の本来の語義から離れた比喩的転用。例：テーブルの脚

51頁（11） **antonomase** 普遍名詞の代わりにその性質を代表する固有名詞、あるいは逆の方法をとる修辞。

51頁（12） **synecdoque** 部分で全体を、種で類を表す、あるいはその逆。例：帆⟷船

51頁＊（13） 邦訳『夢解釈Ｉ』、『フロイト全集4』新宮一成訳、岩波書店、二〇〇七年、二〇一―二〇三頁、二〇九―二一〇頁。

52頁（14） ここでラカンが言っている「知られざる知的な機構」について、フィンクによる英訳は、次の箇所を参照している。「意識が全く知らない非常に複雑な思考過程の存在をこれほど見事に証明するものはほかに見当たらない」（「日常生活の精神病理学にむけて」『フロイト全集7』高田珠樹訳、岩波書店、二〇〇七年、三〇一―三〇二頁）。また、フロイトは、次のようにも書いている。「私は計算が苦手で年号や番地やその他それに類するものを意識的に覚えるのにひどく苦労するのに、私の無意識的な思考に対しては、数は快く協力を惜しまない」（同書、三〇五頁）。

54頁（15） この段落と一つ前の段落において「順列組み合わせ」とあるのは、それぞれ **combinatoire**（形）と **combinaison**（名）の訳である。厳密には、「順列」は **permutation**、「組み合わせ」は **combinaison** であるが、日本語では、両者を組み合わせて数学のこの部分を表す比喩的な用法が一般的なので、それを採用した。

54頁（16） 「機知――その無意識との関係――」（一九〇五年）、『フロイト全集8』中岡成文・太寿堂真・多賀健太郎訳、岩波書店、二〇〇八年。

54頁（17） この段落から、**esprit** には、「機知」の意味と「精霊」の意味が掛けてある。日本語としての一体感が出るように、場合により「機知の精霊」と訳しておく。また、**pointe** は、「切っ先」と「一言」とに訳し分けてあるが、もともと

フランス語で「機知の鋭さ」の意があって、フロイト自身が既に上記の著作の中で、このフランス語を意識して用いており（*G.W.*VI, p.120,135）、ラカンのここでの用法はむろんフロイトの用法を踏まえてのことである。フロイトの著作の前掲訳書では、このpointeには「落ち」の訳語があてられている（訳書一三〇、一四五頁）。

55頁（18）エロスの出自については、諸説ある。ラカンはここで、プラトンの『饗宴』の中で、ソクラテスが語るそれを採用している。それによると、エロスは、「ペニア」（貧困、欠乏）の子である。

55頁（19）*G.W.*VI, p.116.（「機知――その無意識との関係――」前掲訳書、一二六頁）

55頁＊（20）エミール・ボレル（Émile Borel 一八七一―一九五六）数学者、政治家。確率論の分野で業績を上げる一方、海軍大臣を務めた。ラカンが触れている『偶然論』（*Le Hasard*）は、一九一四年の著作で、矢野健太郎による邦訳が、一九四三年に岩波書店から刊行されている。

56頁（21）*G.W.*VI, p.115-116.（前掲訳書、一二五頁）

57頁（22）オグデンとリチャーズの著書『意味の意味』（*The Meaning of Meaning*, Kegan Paul, London, 1923）への暗示。

57頁（23）ゲーテ『ファウスト 悲劇』第一部（一八〇八年）、手塚富雄訳、中央公論社、一九七一年、四四頁（本文で採用した訳は、森鷗外訳。なお、訳文の「業」に当たるところで、ラカンはaction《アクシオン》というフランス語を用いているので、それを示すためにここではルビを振った。）

58頁（24）ラカンはDanaënsと書いている。一般的な辞書ではこの表記は見当たらない。シェリダンとワイルデンの英訳ではDanaoiとなっている。これは、ギリシャ語 *Δαναοί* のローマ字表記である。フィンクの英訳ではDanaiとなっている。*Δαναοί* はオックスフォード・ギリシャ語辞典では “the Danaäns”、またLiddell and Scottのギリシャ語辞典ではthe Danaansと訳されている。これらを参考とし、ラカンのDanaënsを、ギリシャ語 *Δαναοί* の訳とみなし、日本語の表記としては「ダナオイ」をあてた。オックスフォード・ギリシャ語辞典によると、「アルゴス王ダナオスの臣民、もしくは、ギリシャ人一般」を指す。なお、ダナオスの娘たちは、結婚式の夜に花婿を殺害したことで、篩の中に水を入れなければならないという罰を受けた。ウェリントン・ヴィクトリア大学のマイケル・ラディッチ氏を介してのハーヴァード大学のデイヴィド・ローゼンブルーム氏の御教示によると、「トロイの木馬」をめぐって、ウェルギリウスの『アエネーイス』の中に次の一節があり、ラカンはここに言及していると考えられる。ラオコオン「考えられるか、ダナイ人の贈り物に計略がないなどと。〔……〕これがなんであろうと、わたしはダナイ人を恐れる。たとえ贈り物を携えてきても。」（『アエネーイス』第2歌四二—四九行、岡道男・高橋宏幸訳、京都大学学術出版会、二〇〇一年）

58頁（25）アルゴ船員（アルゴナウテース）とは、ギリシャ神話で、イヤーソーンとともに人類が最初に作ったと言われる大船アルゴーに乗って、金の羊毛を求めに赴いた英雄たちのことである。ここでは、「太平洋のアルゴ船員」と書かれているので、マリノフスキーの著作 *Argonauts of the Western Pacific*（一九二二年）をふまえていると考えられる。（マリノフスキー『西太平洋の遠洋航海者』寺田和夫・増田義郎訳、世界の名著59、中央公論社、一九六七年）

58頁（26）象徴《シンボル》の語源はギリシャ語のσύμβολονで、割り符の意味から、印、券、合言葉、契約などの意味になる。

58頁（27）シニフィアンによる中立化（neutralisation du signifiant）——前の段落で、「空になるように出来ている甕」などは、シニフィアンとなっているとされている。言語学的には、「中立化」は「対立する二音素・二要素の中和」を意味する概念であるから、「シニフィアンによる中立化」は、用途に縛られず中立的になったシニフィアンが、共同体と共同体の間に、中立的な契約関係を成立させるという意味で、ここでは用いられていると思われる。

58頁（28）誇示行動——動物が、威嚇・求愛などのために、自分を大きく見せ、また目立たせる動作や姿勢。アジサシの場合は、雄が嘴に挟んだ魚を雌に与える求愛給餌がある。

59頁（29）動物行動学の実証主義的文脈の中に、精神分析の理論の論拠（一行後に「身元引受人」と書かれている）を求めようとした論文であったからである。

59頁（30）「壮大な堂々巡り思考」は、上記のマッサーマンの論文からの引用で、マッサーマンは"extensive rumination"と書いている。「哲学者たちは、自分たちが人間の代表者だと自認してきたので、伝統的に、人間にのみ許された機能としての言語の意味作用について、壮大な堂々巡り思考を重ねてきた」という文脈。

59頁＊（31）邦訳『ド・カモ——メラネシア世界の人格と神話——』坂井信三訳、せりか書房、一九九〇年。

60頁（32）ラカンは「原文のママ」と書いているが、むろん原文は英語である。"Thus Cole easily taught raccoons climb their cage for food at the differential presentation of a card printed with an appropriate invitation ; moreover, if the animals, after responding to the proper sign, did not receive the anticipated reward, they tore up with a channelized fury comparable to a maiden's attack on the previously cherished letters of a faithless lover." (Jules H.Masserman: Language, Behaviour and Dynamic

Psychiatry. *International Journal of Psycho-Analysis,* XXV, 1&2, p.3, 1944). なお、これの引用元である L.W.Cole の論文は、Observations of the Senses and Instincts of the Raccoon. *Journal of Animal Behavior,* 2, 302, 1912、および The Chicago Experiments with Raccoons. *Journal of Animal Behavior,* 5, 158, 1915.

60頁（33） 上記のマッサーマンの論文の文献欄によれば、この論文は、C.V.Hudgins: Conditioning and the voluntary control of the pupillary light reflex, *Journal of General Psychology* 8, p.3, 1933.

60頁（34） 上記マッサーマン論文 p.4.

61頁（35） ベルの音と言葉との間に連合が生じて条件づけが成功したとしても、それはベルの音と音声としての言葉の間に連合が生じたからなのか、ベルの音と意味としての言葉の間に連合が生じたからなのかは、まだわからない。マッサーマンは、ベルの音と意味としての言葉との間の連合が生じたのであると速断しており、ラカンは、二つの種類の連合の区別をすることの重要性を指摘してマッサーマンを批判している。次の段落も参照。

63頁（36） ジャック・プレヴェール（Jacques Prévert 一九〇〇—七七） フランスの詩人。ヌイイ・シュル・セーヌ生まれ。シュールレアリスムの運動に打ち込み、歌、キャバレー向けの小品、そして名作『天井桟敷の人々』（一九四六年）の脚本やルノワール監督のためのシナリオを書いた。彼の詩はウィットと情緒が洒脱に入り混じっていて大変人気があった。詩集に『ことば』（一九四六年）、『雨とお天気』（一九五五年）、『あれこれ』（一九七二年）などがある（『岩波＝ケンブリッジ世界人名辞典』一九九七年）。フィンクによれば、引用部分は、"Inventaire", *Oeuvres Complètes,* I (Gallimard, Paris, 1966).

63頁（37） マッサーマンは、これらの実験的観察の批判者が「擬人化」という用語を使うだろうと予想し、そういう非難は哲学的先入観を反映したものであると予め反論している。（上記論文 p.4）

64頁（38）『ペンギン島』は、アナトール・フランス（Anatole France 一八四四—一九二四）の小説。ペンギンが神の力で人間に変えられてしまい、フランス史のパロディを展開してゆく。一九〇八年刊。邦訳『アナトオル・フランス長篇小説全集14』（水野成夫訳、白水社、一九五一年）。

64頁（39） フロイトは、一歳半の孫が、糸巻きを放り投げて「オー（fort の幼児的発音）」と言い、また引き寄せて「ダー（da）」と言う、という遊びを繰り返し倦むことなくしていたのを観察した。ここで、fort と da の対立は、音素 o と音素aの対立を含んでいると同時に、あちらに遠ざかることとここにあることの、不在と現前の対立を示す。（フロイト「快原理の彼岸」（一九二〇年）『フロイト全集17』須藤訓任訳、岩波書店、二〇〇六年）

64頁（40）卦を形づくる横画は爻（こう）と呼ばれ、⚊を陽、⚋を陰とする。卦は、陽爻と陰爻の組み合わせで構成される。（参考：『広辞苑』）

65頁（41）**κτῆμα ἐς ἀεί.** トゥキュディデス「ペロポネソス戦史」I, xxii：「この記述は、今日の読者に媚びて賞を得るためではなく、世々の遺産たるべくつづられた。」（『世界の名著5　ヘロドトス・トゥキュディデス』久保正彰訳、中央公論社、一九七〇年）

65頁（42）「縁組による親族は象の太股だ」という言葉が、レヴィ=ストロース『親族の基本構造』（第二版、一九六七年。福井和美訳、青弓社、二〇〇〇年、五七頁）に引用されている。レヴィ=ストロースによれば、それはA.L.Bishop: A Selection of Šironga Proverbs, *The South African Journal of Science*, vol.XIX,no.80,1922. からのもの。ラカンはここでcuisse（腿）と書いている。本邦訳では上記訳書に従った。ちなみに、引用元の上記のビショップの論文では、**"A relative by marriage is an elephant's hip."** となっている。

65頁（43）「親族の基本構造」は前注に挙げたレヴィ=ストロースの本の題（初版一九四九年）で、「複合構造」は同じくレヴィ=ストロースによって「基本構造」に対して論じられている概念。

66頁（44）旧約聖書のレビ記では、母と娘の両方に通じることは、秩序を乱すこととして厳しく禁じられている。ラカンはこの次の段落で、これに相当する例を挙げている。

67頁（45）フロイトの二人の異母兄エマニュエルとフィリップは、それぞれ一八三二年、一八三六年の生まれで、フロイトの母アマリアは、一八三五年の生まれである。フロイト自身は、一八五六年生まれである。

68頁（46）パニュルジュは言う、「もし私が生涯を通じまして、借財こそ天と地を結び繋ぐものであり、人類の血統を保持いたす唯一つの道だと考えぬようなことがありましたら、――これなくしては、ほどなく人類も悉く死滅いたすと存じまするが、――更にまた、借財こそ、恐らくはアカデミヤ学派哲人のいわゆる万象を溌剌たらしむる宇宙の大神霊だと考えぬようなことがございましたら、いっそのこと、善きバボラン上人様に身も魂も献げ奉ってもよろしゅうございますぞ。」（ラブレー『パンタグリュエル物語　第三之書』第三章、渡辺一夫訳、岩波書店、一九八四年）

68頁（47）「この島の親子兄弟親戚縁者関係というのは、実に奇怪至極なものだった。と申すしだいは、誰も彼もがお互いに親子兄弟親戚縁者同士であるために、一同のうち誰も、誰の父親でもなく母親でもなく、兄弟でもなく姉妹でもなく、叔父でもなく叔母でもなく、従兄弟でもなく甥姪でもなく、聟でもなく嫁でもなく、代父でもなく代母でもない、ということが判ったからである。……お互いの親子兄弟親戚縁者関係は、男が女を、「私の烏賊さん」と呼ぶと、女の方では男を、「私の海豚さん」と呼ぶようなことで成り立っていた。」（ラブレー『パンタグリュエル物語　第四之書』第九章、渡辺一夫訳、岩波書店、一九八四年）

68頁（48）レヴィ＝ストロースは、マルセル・モースの論文集に寄せた序文（一九五〇年）の中で、マナの概念について次のように述べている。「マナは、〔中略〕すべての宇宙論がつくりあげる象徴の体系のなかで、〔中略〕単にゼロの象徴的価値を示すものでしかなかろう。」また、これをヤーコブソンの次のような「ゼロの音素」の概念に対応させている。「ゼロの音素は、……それがなんらの示差的性格をも、恒常的音韻価値をも内包しないという点において、フランス語の他のすべての音素に対立する。」（クロード・レヴィ＝ストロース「マルセル・モース論文集への序文」、マルセル・モース『社会学と人類学Ⅰ』有地亨・伊藤昌司・山口俊夫訳、弘文堂、一九七三年）

69頁（49）フィンクはこの表現を、レヴィ＝ストロース『親族の基本構造』の特に第二四章に関連があるものとしている。

69頁（50）『存在と時間』（一九二七年）におけるハイデガーの用語。たとえば、「現存在の本来的な存在しうることは、良心を持とうと意志することのうちにひそんでいる……。しかも、この実存的可能性は、その存在意味に従って、死へとかかわる存在によって、実存的に規定されていることへと進んでいくのである。」（第四五節、原佑・渡辺二郎訳、中央公論社、一九七一年）

69頁（51）ヘーゲル（Georg Wilhelm Friedrich Hegel 一七七〇―一八三一）における、主と奴の「威信」を賭けた弁証法的闘争は、ラカンにおいては想像界に属する。

70頁（52）解釈的、復権的という形容詞はいずれもフランス精神医学でしばしば妄想に対して用いられる。解釈妄想とは、パラノイアに見られるように出来事の誤った解釈を体系的に積み重ねる妄想で、復権妄想とは、被害を受けているという信念のもとに復権のための訴えをなす妄想をいい、やはりパラノイアに見られる。理想主義的妄想という言い方は現代の精神医学ではほとんどなされないが、慢性妄想病を、好訴者・発明妄想者・熱狂的理想主義者の三群に分ける考え方があり、この文脈では第三のものを指していると思われる。

70頁（53）「制止、症状、不安」は、フロイトの一九二六年の論文の題である（『フロイト全集19』大宮勘一郎・加藤敏訳、岩波書店、二〇一〇年）。

71頁（54）マーヤーのヴェールは、インド思想でいう真実を覆い隠す幻影のことで、ショーペンハウエルの『意志と表象としての世界』（一八一九年）によってよく知られている。「やがては死すべき人間の目を蔽って、それを通して人間に世界を見させているのは、マーヤー（梵語で虚妄、幻影のこと）である。欺瞞《まやかし》の面紗《ヴェール》である。世界はあるともいえないし、また、ないともいえない。なぜなら世界は夢に似ていて、旅人が遠くから見て水かと思う砂上の陽光のようなものだし、また旅人が蛇かと思う投げ棄てられた縄にも等しいからである〔この種の比喩はヴェーダやプラーナのいたるところで無数にくりかえされている〕」（『世界の名著・続10 ショーペンハウアー』西尾幹二訳、中央公論社、一九七五年、一一九頁）。

71頁（55）本章の五二頁―五三頁を参照のこと。

71頁（56）*Das Unbehagen in der Kultur,* 1930.（フロイト「文化の中の居心地悪さ」『フロイト全集20』嶺秀樹・高田珠樹訳、岩波書店、二〇一一年）

71頁＊（57）『リヒテンベルク先生の控え帖』池内紀編訳、平凡社ライブラリー、一九九六年、一一三頁。

71頁＊（58）ワイルデンは、イエーナ期のジャン・イポリットから示唆を受けたとして、この部分を次のヘーゲルのテクストに関連づけている。一つは、イエーナ期の『実在哲学』、もう一つは『エンチュクロペディー』の「自然哲学」の終わりの部分である。前者には「人間は病気の動物である」というくだりがある（Realphilosophie ホフマイスター版Ⅱ巻、SS.167-175.）。後者には、「動物が普遍性に適合しないということが、動物の根源的な病気であり、生まれながらに持っている死の萌芽である」というくだりがある（『世界の大思想Ⅱ―三 ヘーゲル』樫山欽四郎・川原栄峰・塩屋竹男訳、河出書房、一九六八年）。

72頁（59）**armes parlantes**：文字通りには「喋る紋章」の意。英語で、カンティング・アームズと呼ばれるもの。たとえば、**Lyon** 家がライオンを紋章にするが如し。

72頁（60）**palimpseste**：もとの文字を消しその上に新たに文字を書いた羊皮紙の写本。フロイトは『夢解釈』の中で、サリーによる夢についての比喩である「再記写本」を引用している（『夢解釈』（一九〇〇年）『フロイト全集４』新宮一成訳、岩波書店、二〇〇七年、一八三頁）。

72頁（61）フランソワ・ヴィヨン（François Villon 一四三一―六三以後）詩人。投獄、放浪に明け暮れ、三十二歳で姿を消した、近代叙情詩の先駆（『小学館ロベール仏和大辞典』）。ヴィヨンには、「心と身体の論争」と呼ばれている詩があり、冒頭近く、「**ce suis-je**（私がそれだ）」と謳われる。もとのヴィヨンの詩において、ラカンが問題にしている「私（je）」がどのように用いられていたかを見るために、天沢退二郎訳で前後の文脈をここに引いておく（『ヴィヨン詩集成』白水社、二〇〇〇年、二四七頁）。――「何がきこえてるんだろう?-」『おれだよ』「誰?-」『おまえの心さ、ほそい一本の糸でやっとつながってるんだ〔……〕』。天沢訳では詩の題は〔ヴィヨンとその心との対話〕となっており、「**ce suis-je**」は「おれだよ」となっている。

72頁（62）ワイルデンは、この指示に該当する箇所として、以下を挙げている。**Actes du congrès de Rome.** *La Psychanalyse*, **1:199-255, 1956.** 該当頁は**208**。「心理学における客観化と、近代人の生活において自我の機能が持ついや増す支配との間の関係は、いくら強調してもしすぎることはないだろう。この関係は、社会、技術、そして言論といった各水準における結びつきの総体を端緒として、見て取ることができるだろうし、また、その文化的なゲシュタルトは、既に、十七世紀の初めに明らかに作られていたのである。」

72頁（63）「美しい魂」という概念は、一般にゲーテの教養小説『ヴィルヘルム＝マイスターの修業時代』第六巻の比較的自立した手記「美しき魂の告白」により知られ、十八世紀末、シラーにより美学的に基礎づけられ、ドイツ古典主義の人間観に決定的な作用を及ぼした（『岩波 哲学・思想事典』一九九八年）。この概念は、ヘーゲルにより『精神現象学』（一八〇七年）（樫山欽四郎訳、河出書房新社、一九六六年）の中で批判され（D-六-C-c-2）、ラカンはこの批判をふまえている。

73頁＊（64）ライヒには「性格の鎧」という概念があり、それに基づいて「性格分析」が試みられる。訳注126頁（77）参照。

74頁（65）エリオット(T.S.Eliot）による詩。この部分は英語の原詩のまま引かれている。原題「The Hollow Men」1925（*The Complete Poems and Plays of T.S.Eliot.* Faber and Faber, London, pp. 83-85, 1969）。この後は、「かさこそ声を出してみ

りゃ　枯れ野に風の吹くばかり　すっからかんの酒蔵に　割れたグラスが散らばって　鼠は床を駆けめぐる」と続く（大意）。

75頁（66）ヘーゲルは、その『精神現象学』において、フランツ・ヨセフ・ガル（Franz Josef Gull 一七五八―一八二八）の「骨相学」を念頭において、具体的な身体条件と精神の働きとの関係を論じており、あたかも頭蓋がそれ自体で自己意識を営むかのように感じる人間の傾向について批判している（C-五-A-c-3）。

75頁（67）『パンセ』ブランシュヴィック版断章四一四節、『世界の名著24』前田陽一・由木康訳、中央公論社、一九六六年。

76頁（68）フロイト「集団心理学と自我分析」（一九二一年）『フロイト全集17』藤野寛訳、岩波書店、二〇〇六年。

76頁（69）『テアイテトス』はプラトンの対話篇の一つ。この対話篇では、「正に知識であるところのもの、それはそもそも何であろうか」という問いが立てられている。そして、感覚に拠らない「真なる思いなし」ないし「真なる思いなしに言論を加えたもの」が知識だ、ということを、ソクラテスの対話者テアイテトスが語る。ただし、ソクラテスの問いかけによって、この答は必ずしも断定的に肯定されないままに終わる。次の段落の「推測科学」へのラカンの再評価は、これらの「真なる思いなし」の評価のうえに立っていると思われる。『テアイテトス』（田中美知太郎訳、岩波文庫、一九六六年）参照。

77頁（70）この「推測科学」は、一九五六年の初出時には「人間科学 sciences de l'homme」となっていた。（*La Psychanalyse.* 1. p.129, 1956.）

77頁（71）意味を持たない音の観念的最小単位。弁別的特徴の素音として表示される（『小学館ロベール仏和大辞典』）。

77頁（72）本章六四頁、および同頁訳注（39）。

78頁（73）ラカンが指示した箇所では、該当する記述ははっきりしないが、全体の「緒言」の五にある次のような記述は、これに関係しているように思われるので以下に引いておく。「7＋5＝12という命題は最初はおそらく、単に分析的命題で、7と5との和の概念から矛盾律に従って生ずるものと考えられるであろう。けれどももっとよく考察すると、7と5との和の概念は、これら二つの数を単一な数に結合したということ以外のなにものをも含んでおらず、またこれによっては、これら二つの数を総括するこの単一な数がいかなる数であるかは全然考えられないことが分かる」（『世界の大思想15　カント上』高峯一愚訳、河出書房新社、一九七四年）

79頁（74）「二重の裏返り」というのは、表が数学で裏が搾取であるようなメビウスの輪を、資本主義のもとでの人と社会の関係の現実としてイメージしているからであろうか。

79頁（75）カール・ポパーは、推測科学を批判しつつ、推測科学と厳密科学の間の区別を強調した。

79頁（76）**Valéry: La Pythie**（「アポロンの巫女」）。参考までに、該当部分の鈴木信太郎訳を記しておく。「その荘厳な聲が
鳴り響く、／鳴り響く時、われと身を　その聲は識る、／水の聲、森の聲ではないやうに、／如何なる人の聲でもない、と。」（岩波文庫、一九六八年）

79頁＊（77）この論文は書き直され、レヴィ＝ストロース『構造人類学』（一九五八年）に収録された（佐々木明訳、みすず書房、一九七二年）

80頁（78）この「他者」は、小文字で（autre）書かれている。以下、単に「他者」と表記するときは、原文では、小文字で書かれていることを示す。大文字でAutreと書かれているときは、これまで通り「大文字の他者」と記すことにする。

80頁（79）**Le temps logique et l'assertion de certitude anticipée (1945).**（「論理的時間と予期される確実性の断言」『エクリ・I』佐々木孝次訳、弘文堂、一九七二年）

81頁（80）ジョージ・ブール（**George Boole** 一八一五—一八六四）イギリスの数学者・論理学者。論理が代数的関係として表現可能なことを『論理の数学的分析』（一八四七年）で示し、その体系化と命題の確率に関する分析を扱った『思考の法則』（一八五四年）によって、論理を数学的に扱う二十世紀の傾向を生みだした一人である（『岩波 哲学・思想事典』）。集合論は、狭い意味では、カントル（**George Cantor** 一八四五—一九一五）によって開始された数学の基礎理論を指す。

81頁（81）この「精神分析の推測（conjecture）」とは、「精神分析という推測科学」の意。「推測科学」については上述（七七頁参照）。

81頁（82）治療場面で、過去の出来事や人間関係がありのままに生き生きと思い出され経験されてこそ、治療効果が上がる、という考え方に批判的に言及している。こうした「生きられた反応」について、本章四八—四九頁、および第I章二七頁と訳注（14）を参照。

81頁＊（83）アレクサンドル・コイレ（**Alexandre Koyré** 一八九二—一九六四）南ロシア生まれの科学史家。ゲッチン

ゲンでヒルベルトとフッサールから教えを受け、さらに、ソルボンヌ大学で学んだ。一九五七年にはプリンストン高等研究所員、一九五八年にはパリの科学技術史中央研究所所長に選ばれ、一九五九年ジョージ・サートン賞を受賞。著書に、『ガリレオ研究』（一九三九年）、『閉じた世界から無限宇宙へ』（一九五七年）など。ラカンが引用している文献の書誌は、フィンクによる詳細も加えれば、An experiment in measurement. *Proceedings of American Philosophical Society,* XCVII, 2 (April 1953): 222-237.

82頁（84）この点について最もはっきりした参照箇所を挙げるとすれば、次の件りが適切であろう。「ある幼児期神経症の病歴より」（一九一四年執筆）（『フロイト全集14』須藤訓任訳、岩波書店、二〇一〇年、五五—五六頁）

82頁（85）「われわれの科学の静態的部面にかかわるものはすべて共時論的であり、進化と関係のあるものはすべて通時論的である。おなじく、共時態（synchronie）および通時態（diachronie）は、それぞれ言語状態および進化位相を示すこととする。」F・ソシュール『一般言語学講義』一九一六年（小林英夫訳、岩波書店、一九七二年改版、一一五頁）

82頁（86）一九五三年「神経症者の個人神話、あるいは神経症における詩と真実（Le mythe individuel du névrosé ou “Poésie et Vérité” dans la névrose.)」という講演を行って、ラカンは神経症者の幻想のシナリオを構造分析することを試みた(*Centre de Documentation Universitaire.* 1953. に初出。「神経症における《詩と真実》——神経症者の個人神話——」新井清訳、『みすず』通巻第一六八巻、一九七三年十・十一月号、五五—七七頁。のち、*Ornicar?* No.17/18, 1978 に J.- A. Miller の校訂を経て再録、さらに単行本として他の講演、討論とともに公刊（Jacques Lacan: *Le Mythe Individuel du Névrosé.* Seuil, Paris, 2007)。

82頁（87）「素人分析の問題」（一九二六年）（『フロイト全集19』石田雄一・加藤敏訳、岩波書店、二〇一〇年、一八三—一八四頁）。*GW*.XIV.p.281

82頁（88）ラカンが本章六九頁で、「問題になるのは、主体の中において、話と言語活動がどのような関係を結ぶのか、ということである」と述べているように、「認識論的三角形」は、主体・話・言語活動によって作られる三角形のこととももとれるが、ラカンが、五七頁で「意味の意味」という言葉でオグデン&リチャーズの著作名を暗示していることから（本章訳注（22）参照）、「認識論的三角形」という言葉は、彼らのこの著書の中に描かれている、思考あるいは指示作用・指示対象・象徴の三角形を念頭に置いている可能性がある。

82頁（89）　アリストテレス『トピカ』の第八巻「弁証術の訓練」を参照（『アリストテレス全集2トピカ・詭弁論駁論』村治能就・宮内璋訳、岩波書店、一九七〇年）。

83頁（90）　arts libéraux：中世の大学で教えた文法、修辞、論理の三科目 trivium と、算術、幾何、天文、音楽の四科目 quadrivium を合わせた七科目（『小学館ロベール仏和大辞典』）。自由人にふさわしい技芸とされた（Petit Robert 1）。

Ⅲ　精神分析技法における、解釈の共鳴と主体の時間

84頁（1）　シビュラはアポロンの神託を告げる巫子で、数人いたと伝えられている。クーマエ（古代ギリシャの都市）のシビュラは有名で、彼女はアポロンから不滅の生命を与えられたが、永遠の青春を授けられていなかったために、年と共に枯れしぼみ、蟬のように小さくなったという。

84頁（2）　原典は、ガイウス・ペトロニウス作『サテュリコン』（国原吉之助訳、岩波文庫、一九九一年、八四頁。訳注（1）の注釈も同書による）。ペトロニウスは、古代ローマのネロ時代の文人。T・S・エリオットの『荒地』へのエピグラフにも採用されている。

85頁（3）　フロイトの有名な三症例。それぞれ、次の論文にある。「あるヒステリー分析の断片」（一九〇五年、『フロイト全集6』渡邉俊之・草野シュワルツ美穂子訳、岩波書店、二〇〇九年）、「強迫神経症の一例についての見解」（一九〇九年、『フロイト全集10』福田覚訳、岩波書店、二〇〇八年）、「ある幼児期神経症の病歴より」（一九一八年、『フロイト全集14』須藤訓任訳、岩波書店、二〇一〇年）。

87頁（4）　ここでラカンが論じている、鼠男とフロイトの関係について、具体的に補っておきたい。残酷なことの好きな軍曹が患者に、東洋の「鼠刑」の話をした。この話の状況が反復されて、患者とフロイトの関係に持ち込まれる。その際に、「鼠刑」によって喚起された患者の幼年期の記憶も一緒に持ち込まれる。フロイトは、患者が「鼠刑」について話し続けることに抵抗を起こし、話し続けねばならないことへの説明を求めたときに、「抵抗の克服こそ治療の命ずるところ」として精神分析の規則は絶対的なもので動かせない（「彗星を二つ下さいと私に頼まれてもできない」）と言い渡した。このことによってさらに、患者とフロイトの関係は、患者と軍曹の関係を呼び込む可能性を高めた（「強迫神経症の一例についての見解」（一九〇九年、前掲『フロイト全集10』一九〇―一九四頁）。

87頁（5）「私が彼の質問に答えて、一回の治療時間の値段について説明したとき、「何ともたくさんのグルデン通貨、何ともたくさんの鼠」soviel Gulden, soviel Ratten と理解していた」（「強迫神経症の一例についての見解」一九〇九年、前掲『フロイト全集10』二三八―二三九頁）。仏訳と英訳は、Gulden を florin と訳しており、ラカンも florin を採用している。

87頁（6）ラプランシュとポンタリスの『精神分析用語辞典』によれば、フロイトが抵抗の臨床的現れを初めて列挙したのは、『ヒステリー研究』（一八九五年）においてである。既にこの時点で、フロイトは、抵抗の起源は、抑圧されたもの自体に起因する反発のうちにあるとしていた。

88頁（7）重層決定は多元決定とも訳され、フロイトの特に『夢解釈』などのテクストで用いられる用語（『フロイト全集5』新宮一成訳、岩波書店、二〇一一年、一〇―四二頁）。

88頁（8）フロイト「日常生活の精神病理学にむけて」（発表一九〇一年、単行本刊行一九〇四年、『フロイト全集7』高田珠樹訳、岩波書店、二〇〇七年）。患者がフロイトの診療室を訪れたのは一九〇七年。

88頁（9）フロイト「強迫神経症の一例についての見解」第一部の冒頭を参照（前掲『フロイト全集10』）。

88頁（10）「理性的であるものこそ現実的であり、現実的であるものこそ理性的である。／とらわれない意識はいずれも、哲学と同様に、この確信に立っているのであって、哲学は自然的宇宙の考察と同じく精神的宇宙の考察においても、この確信から出発する」（ヘーゲル「法の哲学」序文、一八二〇年、『世界の名著35』藤野渉・赤澤正敏訳、中央公論社、一九六七年）

89頁（11）Mais la découverte freudienne a été de démontrer que ce procès vérifiant n'atteint authentiquement le sujet qu'à le décentrer de la conscience de soi, dans l'axe de laquelle la maintenait la reconstruction hégélienne de la phénoménologie de l'esprit：この文の中の「…dans l'axe de laquelle la maintenait…」の「la」は、「le」の誤植と判断しておく。

90頁（12）抑圧されたものは症状として「回帰」するという理論が、精神分析にはある。「新傾向」については本章一〇三頁も参照。

90頁（13）プラトン『国家』「……さながら丘の見張り台から眺めるようなもので、議論のこんな高みまで上ってきてみると、徳の品種は一つで、悪徳の品種の方が数限りなくあるが、そのうちでも明記する値打ちのあるのは、まあ四つあ

るように僕には見える」(『世界の名著7』田中美知太郎・藤沢令夫・森進一・山野耕治訳、中央公論社、一九六九年)

90頁(14) ここでの「想起(réminiscence)」は、プラトンの想起説への言及。魂は、肉体に宿る以前に天上界で見たイデアの姿にあずかるものを、地上界で経験すると、その接触を機縁として、忘れていたイデアについての知を想い出そうとするという(『哲学事典』平凡社、一九七一年)。

90頁(15) 「反復」は、キルケゴールが『反復』(一八四三年)において取り上げ、『不安の概念』(一八四四年)その他でさらに明確にした概念で、ギリシャ哲学における想起が過去的、内在的であるのに対して、反復は現在的、超越的なキリスト教的概念である(『哲学事典』平凡社)。ラカンは「反復」についてセミネール第十一巻で詳しく述べている。

90頁(16) ここでは、プラトンの対話篇の一つ『メノン』(藤沢令夫訳、岩波文庫、一九九四年)でのソクラテスとメノンのやりとりが念頭に置かれていると考えられる。「主の言葉」は maître-mot。この語には、「呪文」という意味もある。ワイルデンは、この両義性の例として、「民主主義」を挙げている。

91頁(17) **Humpty Dumpty**:ルイス・キャロルの『鏡の国のアリス』に登場する卵のような形をしたキャラクター。「マザー・グース」の詩をふまえる。主人公の少女・アリスと、次のような会話を交わす。——「おれがある言葉を使うと」とハンプティ・ダンプティはいくらかせせら笑うような調子で言いました、「おれが持たせたいと思う意味をぴったり表わすのだ——それ以上でも、それ以下でもない。」「問題は、言葉に色々な違う意味を持たせることができるかどうか、ということです」とアリス。「問題は、どっちが主人か、ということなんだ——それだけだ」とハンプティ・ダンプティ(『鏡の国のアリス』岡田忠軒訳、角川文庫、一九五九年、九〇頁)。

91頁(18) フロイト『夢解釈』第六章E節に、夢における象徴と言語との関係が考察されている(前掲『フロイト全集5』とくに九四—九五頁)。

92頁(19) ジョーンズの提案で、一九一三年夏にフロイトを中心とする「委員会」が作られ、フロイトはその記念に古代ギリシャ意匠のある指輪用の宝石を贈り、メンバーはそれを金の指輪にはめこんだ(ジョーンズ著、トリリング&マーカス編『フロイトの生涯』竹友安彦・藤井俊彦訳、紀伊國屋書店、一九六九年、三二八頁)。なおジョーンズは国際精神分析協会の会長を二回にわたって務め、二回目の職を退いた一九四九年に名誉会長の称号を受けている。

92頁(20) **dhvani** とは、サンスクリット語で「音、響き」の意。九世紀の詩人アーナンダヴァルダナの詩論書 *Dhvanyāloka*

（暗示の光）によれば、詩的言語は暗示された内容を表現するものであり、詩作品においては通常の直接表示機能と間接表示機能の他に、暗示表出機能という第三の機能が働くという。そして、暗示された意味が本質的なものとなっている作品と、そのような作品を構成する暗示表現の諸要素が、dhvani という術語で呼ばれた。彼は、dhvani こそが詩の本質 ātman であり真理であると主張した。dhvani 理論は十〜十一世紀のアビナヴァグプタにより、さらにその価値を高められた（参考：上村勝彦『インド古典詩論研究――アーナンダヴァルダナの dhvani 理論――』東京大学出版会、一九九九年）。

93頁（21）右記アーナンダヴァルダナは、「直接表示された意味 vācya が肯定的命令で、暗示された意味が禁止である場合」の例を次のように挙げている。――「敬虔なる人よ、安心して歩き回りなさい。あの犬は今日殺されました。ゴーダーヴァリー川の岸の茂みに住む恐ろしいライオンによって」。これはある女が、いつも恋人と逢い引きする場所に来て邪魔をする修行者に対して言った言葉である。修行者の恐れる犬は殺されたが、それよりもはるかに恐ろしいライオンがいると告げているのであるから、「歩き回りなさい」と命令しながら、実は歩き回るなと暗に告げているのである（上村、前掲書、七三―七四頁）。

93頁（22）フロイト「終わりのある分析と終わりのない分析」（一九三七年）を参照（『フロイト全集21』渡邉俊之訳、岩波書店、二〇一一年、二四七頁）。

93頁＊（23）邦訳『エクリ・Ⅲ』佐々木孝次訳、弘文堂、一九八一年、一六三頁以下。なお、この原注＊2にある *Écrits*, p.695 は、正しくは *Écrits*, p.697 である。また、ジョーンズの論文の再録は、Ernest Jones, *Papers on Psycho-Analysis*. (5th ed., Bailliere, Tindall and Cox, 1948) の pp.87-144 にある。

94頁（24）*Shakespeare's dramatische Werke.*, trans. Ludwig Tieck & August Wilhelm von Schlegel (Reimer, 1843) が、ドイツ文学史上有名である。フロイトも、たとえば『トーテムとタブー』で、シェイクスピアの『あらし』から、「シュレーゲルの見事な訳によれば」として、アリエルの台詞を引用している（*GW*. IX. p.187.『フロイト全集12』門脇健訳、岩波書店、二〇〇九年、一九九頁、三一四頁）。

96頁（25）カール・フォン・フリッシュ (Karl von Frisch 一八八六―一九八二）ウィーン生まれの動物行動学者。一九七三年にノーベル生理学医学賞を共同受賞。ここで述べられているミツバチについての発見は一九一九年。

97頁（26）ここでの「他者」はl'autreで、語頭のaは小文字。

97頁＊（27）リトレ（Littré）は、リトレ（Maximilien Paul Émile Littré 一八〇一―一八八一）の編纂したフランス語の大辞典。parole（話）は、parabole（寓意・比較）と同語源とされるが、リトレによれば、paraboleの方が語源により近いとされている。そして、paraboleの語源は、ギリシャ語のπαραβολήに求められる（「παρα」は「脇」に、「βολή」は「投げる」に相当する）。リトレは、このギリシャ語に、action de mettre à coté（脇に置く行動――ここから「比較」の意になる）というフランス語訳をつけている。

97頁＊（28）ラテン語のparabola（フランス語のparaboleに当たり、paroleの直接の語源でもあるとされる）は、説教の中で頻繁に使われたがゆえに、また、Verbeを意味するため取っておかれているverbumという語を使うことを人が避けようとしたがゆえに、ロマンス語圏のすべての民族でverbumという語の代わりになった。このこともリトレに書かれている。フランス語の聖書では、「イエスは人々に譬で語った」という場合は「譬」に対してparaboleという語を用い、ヨハネ伝冒頭の「言《ことば》は肉体となった」では「言」に対してVerbeという語を用いている（ただしParoleとしている版もある）。ラカンは、セミネール二巻で、「はじめに言《ことば》ありき」の「言《ことば》」を、ギリシャ語聖書を参考に、「言語活動《ランガージュ》」であるとし、「その後、神はパロールを使う」と指摘している。

98頁（29）フランス語のファム（femme）には、「女」という意味と「妻」という意味がある。ラカンは各所でこの例に言及しており、たとえばセミネール第三巻（一九五五年）（『精神病』上巻、小出浩之・鈴木國文・川津芳照・笠原嘉訳、岩波書店、一九八七年、五八頁、八三頁）などを参照。

98頁（30）パスカル『パンセ』ブランシュヴィック版五五三節（『世界の名著24』前田陽一・由木康訳、中央公論社、一九六六年）

100頁（31）passé défini: 文法用語で単純過去の旧称。

100頁（32）ラカンはréactionとréponseとを区別して使っているので、それぞれを「反応」「答え」と訳し分けることにした。しかし、フランス語のstimulus-réponse（英語ではstimulus-response）には、心理学用語として「刺激―反応」という定訳があるため、この部分だけ、réponseを「反応」と訳さざるをえなかった。

101頁＊（33）括弧内の邦文に対応する原文は、本書「まえおき」のエピグラフからいくつかの文字や音を抜き出して連ねたものであり、わざとフランス語の体をなしていないようにつくられている。

102頁（34）「強迫神経症的な暗示システム」「恐怖症的次元のヒステリー的暗示」「迫害しながらの支持」は、グラヴァーの原文ではそれぞれ、obsessional systems of suggestion, hysterical suggestions of a phobiac order, friendly persecutor。

102頁（35）微細身（みさいしん）：古代インドのサーンキヤ哲学では、太初創造のはじまりにおいて成立しており、諸道・諸世界を輪廻するものであると考えられ、退没する粗大身・父母所生身と異なり、輪廻するものとして恒常であるとされる。なお、サーンキヤ哲学とは、ウパニシャッドを聖典とするバラモン教の六派哲学のうちの一つで、カピラ（紀元前四～三世紀頃?）を開祖とし、仏教からは「外道」とされていた。微細身とはまた、仏教でいうところの、中陰身・中有のようなものであるとされる。中陰身・中有とは、人が死んで次の生を受けるまでの、輪廻における生と生の間の存在である。なお日本の真言密教では、法身（法性身）には微細な色や形があって宇宙に遍満しているとし、微細身との関連があるとされる（参考：山口恵照『サーンキヤ哲学大系の展開』あぽろん社、京都、一九七四年。中村元『佛教語大辞典』東京書籍、一九七五年）。ラカンの原文ではcorps subtilとなっている。

102頁（36）「狼男」は、フロイトの患者。「ある男がエスペ（Espe）の羽根をむしっている」という夢を見て、それをフロイトに報告した。このエスペは、ヴェスペ（Wespe、スズメバチ）の言い間違いであるが、エスペ（S・P）は「狼男」自身のイニシャルであることから、この夢は、主体が去勢されることを象徴的に意味している。グルーシャとは、ロシアでは、スズメバチと色合いがよく似た梨の愛称であるが、「狼男」が小さい頃の子守娘の名もグルーシャで、この子守娘は、しつけのための去勢の脅しを「狼男」にかけたことがあったとされる（フロイト「ある幼児期神経症の病歴より」一九一八年、『フロイト全集14』須藤訓任訳、岩波書店、二〇一〇年）。

102頁（37）「鼠男」は、フロイトの患者。彼は、マスターベーションに関連して「Glejisamen」というお守りの言葉を口にする。「鼠男」本人は、「gl」は「glücklich（幸せな）」を表わすなどと説明したが、「s」については「意味を忘れた」と言った。「鼠男」は、この呪文を唱えているうちに、それがときどき「Giselamen」という形になったと言い、恋人の名「Gisela」がすべり込んで来たのだと説明した。フロイトは、この説明は順序が逆転していると考え、もともとこの呪文が「Gisela」と「Amen」とから作られていること、さらに、「Giselamen」のeとlの位置をずらせば問題の呪文がほぼ出来上がるが、その際sがamenの前にずれて来て、「Samen（精液）」となったものであるとした。すなわち、「鼠男」

は、恋人の名と聖なるamenとを組み合わせると同時に、恋人に精液をなすりつけていることになる、と考えた（『フロイト全集10』総田純次・福田覚訳、岩波書店、二〇〇八年、二五〇、三〇七、三二八―三二九、三四四頁）。

103頁（38）ローベルト・フリース（Robert Fliess 一八九五―一九七〇）は、フロイトと親交のあったヴィルヘルム・フリースの息子で、ベルリンでアブラハムの分析を受けて分析家となったが、のちアメリカに亡命した。ここで挙げられた文献に引用されているアブラハムの論文は、Contributions of Oral Erotism to Character Formation（「性格形成に対する口唇性愛の寄与」一九二四年、『アーブラハム論文集』前野光弘訳、岩崎学術出版社、一九九三年）

104頁（39）鼠男の母親からの結婚話の相手は、鼠男の恋人であるGiselaとは違って、裕福であった。また、ジョーンズの伝記によると、フロイトも故郷で恋心を覚えた相手がいたが、父が事業をウィーンに移したことによって、引き離された。その相手の名前も、鼠男の相手の名前と同じ「Gisela」であった（前掲『フロイト全集10』三二八頁と同頁への編注（163）を参照）。

105頁（40）前掲『フロイト全集10』二二六頁。

105頁＊（41）ここでラカンの言う「強迫的負債」はdette obsessionnelle。また、フロイトは、「鼠男」の精神症状に関して、Zwangsbefürchtungという言葉を使っている。Zwangは、強制・強迫の意。Befürchtungは、恐れ・心配・懸念の意。「鼠男」は、幼い頃に、父の死を心配し、現在の症状の中では、恋人や死んだ父への「鼠刑」を心配していた。「鼠男」は、「負債を返すと、恋人にも父にも鼠刑が行なわれる」という恐れ・心配を症状として持っていた。ここに、「鼠男」における「負債」と「恐怖・心配」の、近しい関係が窺える（前掲『フロイト全集10』一八六―一八七、一八九、一九〇、一九二頁）。

106頁（42）前掲『フロイト全集10』二七四頁。

106頁（43）Trahit sua quemque voluptas：古代ローマの詩人ウェルギリウスの、『牧歌』の中の句。

107頁（44）「現実機能」は、ジャネが導入した用語で、人間の心的機能のうちで最も心的努力を要する最も高級なもの。現実機能が失われた者を、ジャネは「精神衰弱者」と呼んだ。ジャネについては後出の訳注（51）を参照。

107頁（45）フロイトのメタサイコロジーについては、『フロイト全集14』（岩波書店、二〇一〇年）中の「メタサイコロジー諸篇」（一六七―二九三、三〇九―三二七頁）を参照。また、メタサイコロジーと「自我、イド（エス）、超自我という局所論」がどのように関連しているかについて、同じく『フロイト全集14』中の「解題」（三九七—四一七頁、とくに四一六頁）を参照。上の「局所論」については『フロイト全集18』（岩波書店、二〇〇七年）中の「自我とエス」（三—六二頁）を参照。

108頁（46）ジョン・リックマン（John Rickman 一八九一—一九五一）イギリスの精神科医・精神分析家。

108頁（47）two-body psychology：個人の在り方は、他者の存在を抜きにしては語れないという立場からリックマンは精神分析をこう規定した。二者心理学と訳される場合もある。ラカンはセミネール第二巻でも、二体心理学に言及している（『フロイトの技法論（下）』小出浩之他訳、岩波書店、一九九一年、七一頁）。バリントについては第I章の訳注42頁（40）を参照。

109頁（48）フロイト「あるヒステリー分析の断片」一九〇五年、『フロイト全集6』渡邉俊之・草野シュワルツ美穂子訳、岩波書店、二〇〇九年。

110頁（49）前掲『フロイト全集6』一五九頁。

110頁（50）リュシアン・レヴィ＝ブリュール（Lucian Lévi-Bruhl 一八五七—一九三九）フランスの社会学者。ユングらに影響を与えた。いわゆる原始人の心性を神秘的あるいは前論理的とし、西洋近代の理性的論理的思考とは異なるとした。ラカンのこの言い方は、「マタイによる福音書」などをもじったもので、医者が患者の思考から距離をとるのに、レヴィ＝ブリュールのこの考えが都合がよかったことを皮肉っている。

111頁（51）ピエール・ジャネ（Pierre Janet 一八五九—一九四七）パリの心理学者、医学者。ラカンが引用している部分は、英訳者フィンクによると、『ヒステリー者の精神状態（*L'état mental des hystériques*）』（一八九二年）からということである。なお、この書の一九一一年版には復刻版（一九八三年、Laffitte Reprints, Marseille）がある。

111頁（52）「理性の狡智」とは、ヘーゲルの歴史哲学の用語で、歴史が人間の意図や行為から独立した自律的運動を展開する際の、理性の働き方をいう。

111頁（53）フロイトは、強迫神経症について、「思考の全能」と「思考の性愛化」を述べている（「鼠男」の記述を参照）。思考の性愛化のために不合理な思考をやめられなくなる現象が見られる。またアブラハムは、ヒステリーにおいて、万能的な思考が排泄器官の能力と重ね合わさっていると考えた。このように、思考が体内的でエロス的な表現をとることは、確かに神経症の特徴、あるいは無意識の特徴の一つであるが、この特徴を、そのまま精神分析実践の技法に重ね合わせる仕方が、第I章で批判されていたバリントなどの対象関係論の学派の一部に見られる。「思考の仕事とは、〔中略〕体内的エロティシズムに近いものであるという経験を持った実践家たち」とラカンが言うのは、このような一派を指していると考えられる。

113頁（54）ラカンは「バンドリング」について、セミネール第四巻『対象関係』の第V章でも再度言及している（『対象関係（上）』小出浩之・鈴木國文・菅原誠一訳、岩波書店、二〇〇六年）。バンドリングの風習は、「もてなしの心を大事にするが、実際の肉体的接触には至らない」という点にあるのだと考えれば、これは、転移性恋愛に対する対応策の一つにもなりうるように思われる。しかしフロイトは、そうした考え方を、精神分析の本来の姿に合わないとして斥ける（「転移性恋愛についての見解」一九一四年執筆、『フロイト全集13』道籏泰三訳、岩波書店、二〇一〇年）。なお、原注12にあるオラン・ル・ジューヌの本とは、*Little Known Facts about Bundling in the New World*, The Aurand Press, 1938.

114頁（55）前掲「転移性恋愛についての見解」『フロイト全集13』

114頁（56）**l'amour, la haine, et l'ignorance**。それぞれ「貪（とん）・瞋（じん）・癡（ち）」に相当する。「貪瞋癡」とは、衆生の善心を害する、最も根本的な三種の煩悩を毒にたとえたもので、「三毒」と呼ばれる。貪欲（むさぼり）・瞋恚《しんい》（怒り）・愚癡《ぐち》（仏の教えを知らないこと、無知）の三種（参考：『岩波仏教辞典』）。

115頁（57）旧約聖書「箴言」二六章一一節、「犬が自分の吐いた物に帰って来るように、愚かな者は自分の愚かさを繰り返す。」

115頁（58）この「あれ以来」という句は、一九五六年の原論文には欠けている。なお、この段落にはこの他にも多少の手直しが施されている。ただし、「象徴界、想像界、そして現実界」という重要語は、一九五六年の原論文にもこの一九六六年の『エクリ』収録版にも出ている。

115頁（59）ヘーゲル『法の哲学』（一八二一年）より。訳注88頁（10）と同じ。

115頁＊（60）「知っているはずの主体」については、セミネール第十一巻『精神分析の四基本概念』第XVIII章を参照。

116頁（61）「真の話」については一〇三頁を参照。また、九八頁の「話の最も高い機能」についての記述も参照。

116頁（62）「交唱 **antienne**」とは、詩篇または賛歌の前後に繰り返し歌われる句、あるいは、二組の聖歌隊が応答形式で詩篇または賛歌を歌うこと。「短詩 lai」は、中世の短い物語詩で、ケルト起源の歌謡に題材をとったとされる（小学館『ロベール仏和大辞典』より）。

117頁（63） proh pudor!（ラテン語：「あな恥ずかしや」の意）

117頁＊（64） フロイトの論文の原題は“Die endliche und die unendliche Analyse”。ラカンの批判する旧来のフランス語訳は“Analyse terminée et analyse interminable”。ラカンが提示しているフランス語訳は、“Analyse finie ou indéfinie”。ここでは、「indéfinie」を「果てしない」または「無際限の」と訳しておいたが、「indéfini」には「定義されていない」という意味もあり、それがここの文脈の「終わりが定められていない」とつながっていることに注意されたい。なお、日本語訳は、「終わりのある分析と終わりのない分析」（『フロイト全集21』渡邉俊之訳、岩波書店、二〇一一年）。

118頁（65）「ある幼児期神経症の病歴より」『フロイト全集14』須藤訓任訳、岩波書店、二〇一〇年、三七頁。

118頁（66） 通常は患者が分析家に分析料を支払うが、ここで言う「方向が逆になった」「金銭贈与」とは、狼男がロシア革命によって財産も故郷も失ったときにフロイトが彼を援助したということを指す。また、「始原的交換の一部を構成する贈与物と、話すということとのつながり」を論じた部分については、第Ⅱ章五八頁を見よ――「太平洋のアルゴ船員たちにとっては、これらの贈与、あるいは贈与という行為と贈与物、贈与が記号《シーニュ》へと高められること、そしてそれらを作ることとすらが、話すこと自体とないまぜになっているので、彼らはこれらの贈与のことを、そのまま話を意味する名称で呼んでいるほどである」。

119頁（67） Ruth Mack Brunswick “A Supplement to Freud's ‘History of an Infantile Neurosis,’” *International Journal of Psycho-Analysis* IX (1928). ブルーンスヴィクは、一八九七年シカゴ生まれの精神分析家・精神科医。ウィーンに渡り、フロイトとともに仕事をした後、亡命でアメリカに戻り、一九四六年 ニューヨークで死亡。英語式の読みでは、ルース・マック・ブランズウィク。

119頁（68）「精神分析という媒介作用」については、一三四頁も参照。

119頁（69） フィンクによると、ラカンが狼男について議論したのは一九五二年のセミネールのことだが、このセミネールの記録は残っていない。

119頁＊（70） この原注はフランス語。ラテン語原文とその英訳については、*The Attic Nights of Aulus Gellius I*, ed. J.C.

Rolfe, Loeb Classical Library, 1927. を参照。

120頁（71）第Ⅱ章の訳注81頁＊（83）を参照。

120頁（72）クリスティアン・ホイヘンス（Christiaan Huygens　一六二九—一六九五）オランダの物理学者・天文学者。望遠鏡を改良して土星の環を発見、光の波動説を説き、振り子の力学を論じて振り子時計を制作した（広辞苑）。

120頁（73）フィンクによれば、Lichtenberg: *Aphorisms & Letters*, trans.Franz Mautner & Enry Atfield, p.49, Jonathan Cape, London, 1969.

121頁（74）『ド・カモ——メラネシア世界の人格と神話——』坂井信三訳、せりか書房、一九九〇年、九章参照。この邦訳では、「永く続く話」は「持続する言葉」と訳されている。伝統・神話・社会的地位などをいう。また、本書第Ⅱ章五九頁原注5参照。

124頁（75）本書第Ⅰ章20頁、および同頁訳注（3）を参照。

125頁＊（76）「家造りたちの捨てた石が、隅のかしら石になった。」詩篇一一八章二二節、マタイ伝二一章四二節、マルコ伝一二章一〇—一一節、ルカ伝二〇章一七—一八節。

126頁（77）Wilhelm Reich, *Character Analysis.* trans.V.R.Carfagno. p.392, Simon & Schuster, New York, 1972.

126頁（78）死の本能：instinct de mort。ラカンは、ここでは、pulsion ではなく instinct を使っている。一二五頁の「死の本能」も同様。以下、instinct は「本能」と訳す。なお、pulsion de mort は、「死の欲動」と訳される。

126頁（79）マリー・フランソワ・サヴィエール・ビシャ（Marie François Xavier Bichat　一七七一—一八〇二）フランスの医師・解剖学者・生理学者。ここでラカンが言及している生命の有名な定義は、『生命と死についての生理学的研究』（一八〇〇年）に現れる。

127頁（80）ウォルター・ブラッドフォード・キャノン（Walter Bradford Cannon　一八七一—一九四五）アメリカの神経生理学者。既にクロード・ベルナールによって予感されていた「ホメオスタシス」の概念を確立した。ホメオスタシスとは、有機体が平衡を打ち立てようとする一般的傾向を指す。

127頁（81）128頁の訳注（86）を参照。

127頁＊（82）ラカンがこの原注で挙げている「ラクシャナー－ラクシャナー」と、この原注の付けられている本文中にある「ヒンドゥーの美学」は、いずれも、アーナンダヴァルダナの『ドゥヴァニャーローカ』(Dhvanyāloka) への参照である。アーナンダヴァルダナは、カシミールにおいて九世紀後半に宮廷で活躍した学者であり、その著書『ドゥヴァニャーローカ』(暗示の光) は、彼の詩論書である。この本によると、詩作の言語機能には「直接表示機能」と「間接表示機能」があるが、「間接表示機能」が「ラクシャナー」である。「ラクシャナー‐ラクシャナー」という語は、一九四〇年刊のサンスクリット語版のテクストに見られるが、これを一九九〇年に訳した英訳者によると、これは誤記であり、正しくは「ラクシタ‐ラクシャナー」であるという。この指摘が正しく、またラカンが使っていたサンスクリット語のテクストにもこの誤記があったとすると、ラカンの言う「ラクシャナー‐ラクシャナー」は、英訳本の言う「ラクシタ‐ラクシャナー」である可能性がある。英訳本の説に従えば、「ラクシタ‐ラクシャナー」は、「ラクシャナー」が働いたあとにさらに働く第二の「ラクシャナー」である。また、本文中の「ガンジスの上の小村」についても、この『ドゥヴァニャーローカ』の中で論じられている(それは、「ガンジスの牛飼い村」と書かれている)。英訳者によれば、ガンジス川に村が浮かんでいるはずはないから、「ガンジス」は水の流れそのものではなく河の岸を指すことになるが、この際に「ラクシャナー」が働いているという。さらにこの「ガンジス」によって村の清浄な佇まいが伝えられるとすれば、清浄さは、ガンジスそのものに備わっている限りにおいては「ラクシャナー」ではないが、村に及ぼすその効果の点で、それを第二の「ラクシャナー」と言ってよいかどうかが検討されるべきであるという。ラカンはこの「第二の「ラクシャナー」」に、「ラクシタ‐ラクシャナー」(「ラクシャナラクシャナ」)の概念を当てはめたのであろう。アーナンダヴァルダナの『ドゥヴァニャーローカ』については、上村勝彦『インド古典詩論研究』(東京大学東洋文化研究所、一九九九年)、とりわけ、その一三四、二七七頁を参照されたい。さて、本能はもっぱら生命に備わるものであるという考え方、つまりホメオスタシスや「反復」は、精神生理学的観点からは、停滞ではなくてむしろ生命維持機能そのものであるとみなしうるという、先にラカンも参照している考え方からすると、フロイトの「死の本能」という言葉遣いは自家撞着していることになる。フロイトにはそれらの生命的現象が、「死の本能」の表出として認識されていた。しかしここで、フロイトの「死の本能」を、アーナンダヴァルダナが論じたような詩学として理解してみることをラカンは提案する。まるで、ガンジスの流れの上に浮かぶ、ありえない「牛飼い村」のように、人知を超えた「死」の上に、ホメオスタシスや反復という形で辛うじて人間の「生活」が浮かんでいることを、詩的に思い浮かべてみることができる。そこでは生と死が密接に関連づけられるだけでなく、その両者を包んでいる何らかのものがあると感じられもするだろう。すなわち人間における言語活動が、滔々たる流れとして、個々の生と死を巻き込んで続いていることが感じられるであろう。フロイトの「死の本能」をこのように詩学的発想から見てみることで、人間が言語活動の中に巻き込まれているからこそ無意識の反復が発生するという精神分析的な考えを理解することができる。

128頁（83）フロイトのこの告白については、『夢解釈』を参照。*G.W.*II/III, pp.442-443.（『フロイト全集5』新宮一成訳、岩波書店、二〇一一年、二〇三―二〇四頁）。ゲーテのテクストについては、次の邦訳を参照。「自然――断章――」（『ゲーテ全集14』木村直司訳、潮出版社、一九八〇年、三四―三六頁）。ゲーテのこのテクストが友人によって発見され、ゲーテ自身によって「自分のものと認められた」事情については、「箴言的論文「自然」への注釈」（『ゲーテ全集14』木村直司訳、潮出版社、一九八〇年、三七―三八頁）を参照のこと。さらに、邦訳全集の訳注には、この作品が実はゲーテによるものではなく、トーブラー（Tobler、一七五七―一八一二）という詩人の、ヘレニズム期の詩の翻訳であったことが判明した経緯が述べられている（『ゲーテ全集14』四七六―四七七頁）。ゲーテは、はっきりとこれが自分のものであるとは認めなかったが、逆にそのことを否定もせず、「もしこれが自分のものであるとすれば自分は今はもっと先まで進んでいる」という意味のことだけを言った。そのため、長い間、これはゲーテの作品であると信じられることになった。

128頁（84）「エンペドクレスのこれら二つの根本原理――ピリア（愛）とネイコス（争い）――は、その名前からしても機能からしても、わたしたちの二つの原欲動、エロースと破壊に同じものである」（「終わりのある分析と終わりのない分析」『フロイト全集21』渡邉俊之訳、岩波書店、二〇一一年、二八五頁）。エンペドクレス（紀元前四九三頃―四三三頃）は、古代ギリシャの哲学者。

128頁（85）「二つの事実」は、フロイトの、青春時代の伝・ゲーテの詩に関する挿話と、エンペドクレスへの最晩年の言及という、二つの伝記的・学説的事実のことを指すと思われる。

128頁（86）反復自動症：**automatisme de répétition**。フロイトの**Wiederholungszwang**は、日本語では「反復強迫」と訳される。フランス語では、かつて、**automatisme de répétition**と訳されていた。ここでラカンはこの訳を用いている。今でもこの訳は用いられるが、最近では、**compulsion de répétition**と訳されもする。ここでは、昔からのフランス語訳を、日本語に直訳しておいた。

129頁（87）「現存在の最も固有な、没交渉的な、確実な、しかもそのようなものとして無規定的な、追い越しえない可能性」（ハイデッガー『存在と時間』、原佑・渡辺二郎訳『世界の名著62』中央公論社、一九七一年、四二一頁）

129頁（88）フランス語の男性名詞 **le mort** は、「死者」という意味でもあり、「(トランプのブリッジ・ホイストでの）ダミー」という意味でもある。二つの意味を表現するために、原文では **le mort** が一回書かれているだけのところを、二回に分けて「ダミーとしての死者」と訳した。「ピリア」と「ネイコス」については訳注（84）を参照。

129頁＊（89）「反復の中へと逆さまに現れ出てくる過去」は、一九五六年の版（*La Psychanalyse: Publication de la Société Française de Psychanalyse*,1, PUF, 1956, p.162）では、「永劫回帰のうちに、常に現前して現れている過去」とされていた。「永劫回帰」は、よく知られているように、ニーチェの言葉であるが、一九四九年に、エリアーデが『永劫回帰の神話』を出版しており、ここで、通常の直線的歴史時間の中に回帰してくる宗教的な円環的時間について述べた。ラカンは、これを意識していたかも知れない。

130頁（90）フォルト！とダー！：**Fort!, Da!**（ドイツ語）。出典は、フロイト「快原理の彼岸」（一九二〇年、『フロイト全集17』須藤訓任訳、岩波書店、二〇〇六年）。

130頁（91）ラカンは、コジェーヴに、ヘーゲル哲学を学んだとされる。コジェーヴには次のような文章がある。「「犬」という**概念**は、……生きている犬以外のものであり、……このような**抽象概念**が可能となるのは、犬が本質的に死すべきものであるときだけである」（アレクサンドル・コジェーヴ『ヘーゲル読解入門――『精神現象学』を読む――』上妻精・今野雅方訳、国文社、一九八七年）。この「抽象概念」という言葉を、ラカンがここで述べている「象徴」と対応させてみれば、ラカンがここで、ヘーゲルとフロイトを比較考量していることがわかる。

131頁（92）「死-への-存在」は、ハイデガーの『存在と時間』（一九二七年）に現れる概念。ラカンは **être-pour-la-mort** と書いている。原語は、「**Sein zum Tode**」(**M.Heidegger:** ***Sein und Zeit.***, **p.234, 254, etc. Max Niemeyer Verlag, Tübingen. 1979.**)

132頁（93）第I章三六頁を参照。

133頁（94）この段落における「仕事」(œuvre）の概念はヘーゲル『精神現象学』における「仕事」(Werke）の概念を踏まえたものと思われる。ヘーゲルは「理性」の章から「精神」の章にかけて「仕事」を論じ、次のように問いを立てる。

「個人性が仕事の存在のうちに、どのようにして自らの一般性を維持し、自己満足を知るようになるか、ということを見なければならない」（樫山欽四郎訳、河出書房新社、一九六六年、二三六頁）。

134頁（95）ラテン語。**mundus**。

134頁（96）英訳者の一人フィンクは、この蛇を、旧約聖書の事跡にこと寄せたものではないかとしている。次の箇所を参照。旧約聖書、民数記、二一章九節。「民はモーセのもとに行って言った、「わたしたちは主にむかい、またあなたにむかい、つぶやいて罪を犯しました。どうぞへびをわたしたちから取り去られるように主に祈ってください」。モーセは民のために祈った。そこで主はモーセに言われた、「火のへびを造って、それをさおの上に掛けなさい。すべてのかまれた者が仰いで、それを見るならば生きるであろう」。モーセは青銅で一つのへびを造り、それをさおの上に掛けて置いた。すべてへびにかまれた者はその青銅のへびを仰いで見て生きた。」

134頁（97）**b-a,ba**：初歩の知識の意。「いろは」のようなもの。（子どもが語の読み方を習う際、このようにするところから。）「a,b,c」も同じ。

135頁（98）「ブリハッドアーラニヤカ・ウパニシャッド」とは、「広大な荒野のウパニシャッド」の意で、ウパニシャッド（古代インドの宗教哲学書）の中で最も古く重要なものとされている。「ブラーフマナ」とは、ヴェーダに属する文献群の一つで、祭式の実行規範や起源・意義を述べたもの。物語や伝説も含む。紀元前八〇〇年を中心とする数百年間に成立した。「ブリハッドアーラニヤカ・ウパニシャッド」の第五講は、湯田豊『ウパニシャッド――翻訳および解説――』（大東出版社、二〇〇〇年）一三一―一四三頁で邦訳を読める。なお、本書における該当部分の訳は、ラカンのフランス語から起こしたものである。

135頁（99）創造神。シャンカラ（八世紀、インドの、六派哲学の一つであるヴェーダーンタの大成者）によれば、プラジャーパティは、語を心中に思い浮かべて個物を創造したという（中村元『シャンカラの思想』岩波書店、一九八九年、三三一頁）。なお、デーヴァは、神々のこと。アスラは、鬼神とも訳されるが、言うまでもなく、仏典を経て、日本では阿修羅として知られているもの。

135頁（100）湯田豊によれば、シャンカラは次のように注釈をつけている。「ダ」という雷鳴は、神々《デーヴァ》、人間、および鬼神《アスラ》によって三様に解釈される。神々は荒れ狂うがゆえに自己を抑制すべきである、人間は貪欲であるがゆえに他人に与えるべきである、鬼神は冷酷であるがゆえに同情すべきである（湯田豊、前掲書、六三二頁）。

136頁＊（101）ポンジュ（Francis Ponge 一八九九―一九八八）フランスの詩人。詩集『物の味方 *Le Parti pris des choses*』（一九四二年）など。ポンジュは、響き（réson）を、理性（raison）にかけている。フランス語では微妙な母音の差が出るが、日本語ではどちらも「レゾン」と書ける。なお、響き（réson）は、響き（résonance）の最初の部分から成っており、普通の辞書にはなく、一種の言語新作である。英訳者の一人フィンクによれば、ポンジュはこれを「マレルブのために」で書いている。またラカンは、一九七二年一月六日のセミネール（第十九巻）でも、このポンジュの言葉に言及している。

訳者あとがき

新宮　一成

本書は、ジャック・ラカン Jacques Lacan の論文集“*Écrits*”（Éditions du Seuil, Paris, 1966）の二三七―三二二頁に収められた論文、“Fonction et Champ de la Parole et du Langage en Psychanalyse”の邦訳である。なお、論文集“*Écrits*”の全体については、本書と同じく弘文堂より、三巻本の翻訳が既に出版されている（『エクリ』Ⅰ・Ⅱ・Ⅲ）。本書は、この論文集から一論文を選び出しての新訳ということになる。

この論文は、ラカンが旧来のフランスの精神分析の公式団体 Société psychanalytique de Paris を一九五三年に去り、ダニエル・ラガーシュとともに新しい団体 Société française de Psychanalyse を立ち上げて活動を始めたその時に書かれた。これは精神分析へのラカンの凄烈な切り込みを示した重要な記録である。

ラカンは一九五三年に、本論文の元になる講演をローマで行い、三年後の一九五六年にそれを論文化して、雑誌“*La Psychanalyse*”第一巻に載せた。ラカンはその後、この Société française de Psychanalyse からも離れ、一九六四年に独自の学派を立てることになる。それが École freudienne de Paris であり、彼はこの設立に引き続き、一九六六年に、生前編まれた唯一の論文集である“*Écrits*”を刊行した。“*La Psychanalyse*”に載っていた一九五六年の論文もこの論文集に再録された。ラカンは十年間の時の経過を考慮して、若干の手直しを行ったが、大きな改変を行うことなく、基本的には原論文の形を尊重して収録されている。

翻訳にあたっては、*“Écrits”*に収録された論文を底本として、適宜*“La Psychanalyse”*に載った原論文を参照した。既に翻訳のある書物の一部分のみを翻訳して新たに同じ出版元から刊行するということはあまり例のないことである。この試みを理解し賛同してくださったジャック＝アラン・ミレール氏にまず心よりの謝意を表したい。ミレール氏は、ラカンのセミネールを編纂し、自らも毎週の講義を組んで、ラカンの教えを正しく生かしていくために幅広く重要な活動を続けるのみならず、ジャック・ラカンの著作物全体の行方を見守る大切な責務を担う立場におられる。

この翻訳には相当の時日を要し、この間に実に多くの方々のお世話になった。特に、全巻訳における翻訳者の皆様方、とりわけ佐々木孝次氏と竹内迪也氏の御同意に深謝したい。滋賀大学の久保田泰考氏には、一九五六年の論文の閲覧に関してお世話になった。そして、この試みを出発点から支えてくださった弘文堂の重松英樹氏、その後を受けて、私の緩い歩みに細やかに伴走してくださった弘文堂の浦辻雄次郎氏に心より御礼を申し上げる。

ラカンは、自分を取り巻く状況が変化するのに応じて、その変化の歴史的意味を明らかにする論文を刊行したりセミネールを構成したりしている。本書と、一九六四年のセミネールである。まず本書であるが、先に述べたように、また、本書の冒頭からラカンが力説しているように、本論文には、フランスに二つの精神分析団体ができた一九五三年という年の歴史的意味が刻まれている。このときラカンは、新しい団体に移ると同時に、自らの精神分析方法論である「短時間セッション（変動時間セッション）」の考えを明確に打ち出した。短時間セッションの弁明は、本書の後半で存分に行われている。

ラカンは新しい団体において自分の方法論を定着させていくことができるかに見えたが、この団体 Société

française de Psychanalyse は、精神分析の国際協会の認証を受けるために、ラカンを指導者から外すことを決めてしまった。団体設立からちょうど十年後のことである。ラカンはもはやこの団体に居場所を見出すことなく、翌年、新しく自分自身の団体 École freudienne de Paris を設立する。そしてこの一九六四年という年には、現在第十一巻として数えられているセミネール「精神分析の四基本概念」が行われた（活字化され刊行されたのは一九七三年）。このときのセミネールで、ラカンは自分が「大破門」を受けたと宣言し、以後、ラカンのもとで、ラカン固有の方法論にもとづく団体 École freudienne de Paris の活動が社会的着目を集めつつ進められてゆく。ラカンはこの団体の活動を自律的なものにするため、養成の方法を体系化しようと努めるが、その間にさらに幾度かの分裂があり、ついにラカンは、一九八〇年、この団体を解散することをもって一つの区切りを導入した。彼はすぐさま新しい団体を作り直すことを宣言していたが、翌年その生涯を閉じる。彼の死後に生じた抗争を潜り抜け、J－A・ミレール氏がその団体を、École de la Cause freudienne として発展させてゆくことになった。

こうした激動の歴史を通じて、変わらないラカンの立場がある。それは、「無意識は一つの言語活動として構造化されている」ということである。さらに「無意識は他者の語らいである」という定義もなされ、無意識を、言語と人間主体とのあいだの関係の在り方を左右する審級であると捉える見方は、振幅の大きいラカンの理論的展開を通じて、確かに踏まえられている強い基盤であると言える。この立場が、本書「精神分析における話と言語活動の機能と領野」においてはっきりと打ち出されている。「構造」をリジッドに設定する構造主義がラカンのとくに前期の発想であってこの「無意識は一つの言語活動として構造化されている」というテーゼがその代表であると考えるならそれは間違いである。ラカンにとって構造は、動くゆえに人間に捕まらず逆に人間を摑まえる現実である。ラカンがその後期に至っても、このテーゼを踏まえていることはゆえなきことではなく、本書は、まさにラカンがラカン的に考え語るうえでのこの中軸を鮮明に表現するものである。

ラカンの理論展開の時期を問わず、ずっと維持されている重要指針で、本書でその基礎が据えられているものがもう一つある。それは先にも触れた「短時間セッション」の実践である。先にも述べた通り、ラカンは本書でこの方法を公然と彼固有の方法として認証する。そればかりではなく、この後の展開をも含め、この方法がなぜに有効かということが最も臨床に近い領域で、しかも具体的に詳細に述べられているのが本書である。

短時間セッションによって、分析時間の切り上げの際に露頭してくるもの、それは、主体が歴史的時間に、無媒介にまた無根拠に直面しているという実情である。そのことを理解しながらその恐ろしさに耐え切るために、主体は自分を規定しているものが無意識の言語活動の力であることを認めなければならない。それゆえラカンは、「無意識は一つの言語活動として構造化されている」という基礎的洞察の上に、短時間セッションの実践的論理を立ち上げなければならなかった。言語活動の構造の特質のゆえにこそ、精神分析という治療的空間の中に歴史的時間が発生するということが彼の洞察であったからである。新しい精神分析団体での活動に入るその時に、ラカンはまさに、この困難な課題に向けての最初の一歩を踏み出したのである。本書において、彼の理論的練り上げの不変の軸と、その独自の実践を支える論理とが、一つにまとめられ呈示されているのが見えもすれば聞こえもする。

本書について、もう一つのことを付け加えておきたい。それは本書の内容がもともと学会における一つの報告あるいは講演であったということに関係している。この事情についてはラカン自身による本書の「まえおき」を読んでいただければ明らかであろう。本書の原論文は、ローマでの口頭発表から三年後に専門誌において発表された論文であるが、しばしば「ローマ講演」という通称で親しまれてきている。実際の口演はどうだったのかといえば、その速記録からの要約が残されている。それは、原論文と同じく雑誌 *“La Psychanalyse”* の第一巻に収められ、討議録も付せられている。このときは「ローマにおける会議録」という標題のもとに収録された。これはラカンの死後、ラカン以外の発言を省いた形で、ミレール氏の編集になる *“Autres Écrits”* (Éditions du Seuil, 2001) の中にも収められたが、このときの題は「ローマ講演」となった。したがって、現在では、「ローマ講演《ディスクール》 (Discours de Rome)」という言葉には、本書の原論文の通称としての「ローマ講演」と口演要約としての「ローマ講演」の二つの意味があることになる。そこで本書では、混乱を避けるためにこの言葉を本の題として採用することは避けた。ただし、ラカン自身が、本書に訳出された論文を「ローマ講演《ディスクール》」と呼んでいたことを今一度確認しておきたい。これは、ラカンが、口演のときの意図を十分に論文の中に展開させ記述したと考えていた証左である。あとで書き起こされたからといって、口演と論文が乖離していると考えてはなるまい。それは彼が本書の「まえおき」の中でも縷々説いている通りである。論文はローマという地と一九五三年という時の刻印を帯びている。

ラカンが本書の論文を「ローマ講演《ディスクール》」と呼んだのは、ほかならぬ『エクリ』全巻訳に付せられた彼の序文「日本の読者に寄せて」(一九七二年)においても然りである。「無意識というもの(――それがどういうものかを知るためには、この『エクリ』が書きとめてローマの話《ディスクール》であるということになったあの話を読んでいただきたい――)、この無意識は言語《ランガージュ》として構造化されている、と私は言っているのです。」論文は話された話を書き留めたものであるが、それはまた読まれるべきものでもある。論文も口演録も、ある歴史的時点のローマにおけるラカンを現前化させる一つの言語活動《ランガージュ》として、我々は同じ名前で十全に受け取ることにしたいと思う。

二〇一四年十一月　京都にて

付　記

右に述べたように、本書では底本にあたるテクストの他、口演録と原論文を参照した。改めて左に書誌事項を掲げる。

Actes du Congrès de Rome: 26-27 septembre 1953. *La Psychanalyse: Publication de la Société française de Psychanalyse*, 1, pp. 199-255, 1956.

Jacques Lacan: Fonction et champs de la parole et du langage en psychanalyse (rapport du Congrès de Rome, 1953). *La Psychanalyse: Publication de la Société française de Psychanalyse*, 1, pp. 41-166, 1956.

また、訳注に記したように、左の三種類の英訳、ならびに独訳を参照した。

Jacques Lacan (trans. with notes and commentary by Anthony Wilden): *The Language of the Self.* 1965. (later published as: *Speech and Language in Psychoanalysis*. Johns Hopkins University Press; Baltimore; London, 1981.)

Jacques Lacan (trans. by Alan Sheridan): *Écrits: A Selection.* W. W. Norton & Company, New York・London, 1977, pp. 30-113.

Jacques Lacan (trans. by Bruce Fink): *Écrits: The First Complete Edition in English.* W. W. Norton & Company, New York・London, 2002, pp. 197-268.

Jacques Lacan (übersetzt von Rudolphe Gasché, Norbert Haas, Klaus Laermann und Peter Stehlin): *Schriften I.* Quadriga Verlag, Weinheim・Berlin, 1986, pp. 71-169.

【訳者紹介】

新宮一成（しんぐう・かずしげ）

1950 年大阪に生まれる。1975 年京都大学医学部卒業。
1991 年京都大学大学院人間・環境学研究科助教授。
1999 年から同研究科教授。
専攻　精神医学、精神病理学
著書　『夢と構造――フロイトからラカンへの隠された道』（弘文堂）
『無意識の病理学――クラインとラカン』（金剛出版）
『ラカンと臨床問題』（弘文堂、共著）
『ラカンと精神分析の基本問題』（弘文堂、共著）
『ラカンの精神分析』（講談社）
『無意識の組曲』（岩波書店）
『夢分析』（岩波書店）
『Being irrational:Lacan, the object *a*, and the golden mean』
(trans. Michael Radich)（Gakuju shoin）
訳書　シーガル『夢・幻想・芸術』（金剛出版、共訳）
『新版精神分析事典』（弘文堂、共訳）
『フロイト全集』（岩波書店、編集・翻訳）
編著　『意味の彼方へ――ラカンの治療学』（金剛出版）
『新世紀の精神科治療』第 5 巻・第 8 巻（中山書店）
『メディアと無意識――「夢語りの場」の探求』（弘文堂）

精神分析における話と言語活動の機能と領野

――ローマ大学心理学研究所において行われたローマ会議での報告

1953年9月26日・27日

2015（平成 27）年 2 月 20 日　初版 1 刷発行

訳　者　新 宮　一 成
発行者　鯉 渕　友 南
発行所　株式会社 弘 文 堂　101-0062　東京都千代田区神田駿河台 1 の 7
TEL 03(3294)4801　振替 00120-6-53909
http://www.koubundou.co.jp

装　幀　松 村 大 輔
組　版　堀 江 制 作
印　刷　大 盛 印 刷
製　本　牧 製 本 印 刷

ISBN978-4-335-15048-7